厚大法考

2023年国家法律职业资格考试

主观题

带写带练·真题集萃·进阶案例

民诉法
沙盘推演

Civil Procedure Law

刘鹏飞 编著

厚大出品

中国政法大学出版社

笑看人生峰高处　唯有磨难多正果

2023厚大在线学习群专享

01 法考讯息速递
节点提醒，考情分析，关键信息整合

02 备考策略分享
备考方法，科目攻略，复习方案规划

03 专属内部资料
思维导图，阶段讲义，每日干货分享

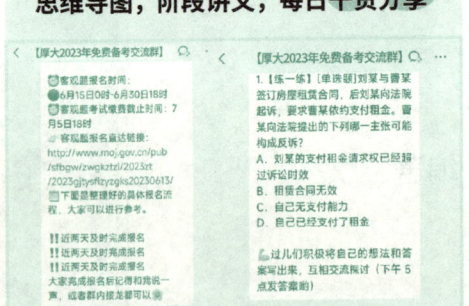

04 专场直播分享
热点评析，干货讲座，资料直播解读

05 好课即速获取
超值课程，专属优惠，尽揽一手信息

扫码回复"学习群"
即可加入

代总序
做法治之光
——致亲爱的考生朋友

如果问哪个群体会真正认真地学习法律，我想答案可能是备战法考的考生。

当厚大的老总力邀我们全力投入法考的培训事业，他最打动我们的一句话就是：这是一个远比象牙塔更大的舞台，我们可以向那些真正愿意去学习法律的同学普及法治的观念。

应试化的法律教育当然要帮助同学们以最便捷的方式通过法考，但它同时也可以承载法治信念的传承。

一直以来，人们习惯将应试化教育和大学教育对立开来，认为前者不登大雅之堂，充满填鸭与铜臭。然而，没有应试的导向，很少有人能够真正自律到系统地学习法律。在许多大学校园，田园牧歌式的自由放任也许能够培养出少数的精英，但不少学生却是在游戏、逃课、昏睡中浪费生命。人类所有的成就靠的其实都是艰辛的训练；法治建设所需的人才必须接受应试的锤炼。

应试化教育并不希望培养出类拔萃的精英，我们只希望为法治建设输送合格的人才，提升所有愿意学习法律的同学整体性的法律知识水平，培育真正的法治情怀。

厚大教育在全行业中率先推出了免费视频的教育模式，让优质的教育从此可以遍及每一个有网络的地方，经济问题不会再成为学生享受这些教育资源的壁垒。

最好的东西其实都是免费的，阳光、空气、无私的爱，越是弥足珍贵，越是免费的。我们希望厚大的免费课堂能够提供最优质的法律教育，一如阳光遍洒四方，带给每一位同学以法律的温暖。

没有哪一种职业资格考试像法考一样，科目之多、强度之大令人咋舌，这也是为什么通过法律职业资格考试是每一个法律人的梦想。

法考之路，并不好走。有沮丧、有压力、有疲倦，但愿你能坚持。

坚持就是胜利，法律职业资格考试如此，法治道路更是如此。

当你成为法官、检察官、律师或者其他法律工作者，你一定会面对更多的挑战、更多的压力，但是我们请你持守当初的梦想，永远不要放弃。

人生短暂，不过区区三万多天。我们每天都在走向人生的终点，对于每个人而言，我们最宝贵的财富就是时间。

感谢所有参加法考的朋友，感谢你愿意用你宝贵的时间去助力中国的法治建设。

我们都在借来的时间中生活。无论你是基于何种目的参加法考，你都被一只无形的大手抛进了法治的熔炉，要成为中国法治建设的血液，要让这个国家在法治中走向复兴。

数以万计的法条，盈千累万的试题，反反复复的训练。我们相信，这种貌似枯燥机械的复习正是对你性格的锤炼，让你迎接法治使命中更大的挑战。

　　亲爱的朋友，愿你在考试的复习中能够加倍地细心。因为将来的法律生涯，需要你心思格外的缜密，你要在纷繁芜杂的证据中不断搜索，发现疑点，去制止冤案。

　　亲爱的朋友，愿你在考试的复习中懂得放弃。你不可能学会所有的知识，抓住大头即可。将来的法律生涯，同样需要你在坚持原则的前提下有所为、有所不为。

　　亲爱的朋友，愿你在考试的复习中沉着冷静。不要为难题乱了阵脚，实在不会，那就绕道而行。法律生涯，道阻且长，唯有怀抱从容淡定的心才能笑到最后。

法律职业资格考试不仅仅是一次考试，它更是你法律生涯的一次预表。

我们祝你顺利地通过考试。

不仅仅在考试中，也在今后的法治使命中——

不悲伤、不犹豫、不彷徨。

但求理解。

厚大®全体老师　谨识

目录

第一部分 民事诉讼法攻略 ... 001

学科特点 ... 001
一、分值分布 ... 001
二、考情分析 ... 001
三、命题规律 ... 002

写作套路 ... 004
一、阅读技巧 ... 004
二、设问角度 ... 010
三、答题思路 ... 011
四、写作步骤 ... 015

写作标准 ... 016

案例带写 ... 018

第二部分 真题集萃 ... 027

2022 年法考主观题回忆版 ... 027
2021 年法考主观题回忆版 ... 039

2021年法考主观题回忆版（延考卷）	046
2020年法考主观题回忆版	053
2019年法考主观题回忆版	056
2018年法考主观题回忆版	066
2017年司考卷四第六题	075
2016年司考卷四第六题	082
2015年司考卷四第四题	091
2014年司考卷四第六题	096
2013年司考卷四第七题	103
2012年司考卷四第五题	110
2011年司考卷四第五题	116
2010年司考卷四第五题	122
2009年司考卷四第五题	129

第三部分 ▶ 大综案例　　137

案例一　严中天与孟国佳买卖合同纠纷	137
案例二　守护家园环保组织环保公益诉讼	140
案例三　卢关生与光成公司侵权纠纷	143
案例四　侯贵秦与王承祥民间借贷合同纠纷	146
案例五　彭洛与窦淑华房屋租赁合同纠纷	149
案例六　南星公司与贝珠公司建设工程施工合同纠纷	152

民事诉讼法攻略 第一部分

学 科 特 点

一、分值分布

民事诉讼法部分在主观题的考查中仍然占有举足轻重的地位。从法考改革后的题目回忆情况来看,民事诉讼法基本稳定在每年考查 4 问的水平上下。虽然民事诉讼法学科考查的内容包括民事诉讼法和仲裁法两部分,但是法考改革后的题目仍是以民事诉讼法为主,只有少量涉及仲裁法的题目。具体的分值分布可以通过下表了解:

	2018 年	2019 年	2020 年	2021 年	2022 年
客观题	34 分	30 分	33 分	31 分	30 分
主观题	25 分	25 分	13 分	23 分	25 分

二、考情分析

从 2018 年开始,民事诉讼法的考查就结合实体法一并进行,具体包括和民法结合的考题以及和商法结合的考题两种类型。在 2018 年的主观题真题中,结合了民法当中的建设工程施工合同进行考查,比较特殊的是这一年还考查了 2 道仲裁法的题目。除此之外,2018 年的考题还涉及对重复起诉的判断、变更诉讼请求的要求以及管辖权的判断这三个传统问题。整体来看,2018 年的考题中规中矩,都是我们在课堂上讲过的重点内容,应该说难度相对不大。

2019 年一共考查了 5 问,其中 2 问是和商法结合。这 2 问的难度是非常大的,它既考查了执行阶段外观主义和穿透主义的运用,也考查了在执行当中执行异议的相关规则。而和民法结合的题目考查得相对传统一些,涉及撤销权诉讼的当事人地位、重复起诉的判断以及企业法人被申请破产之后的程序操作。

2020年是民事诉讼法考查的小年，只考查了2问，而且这2问的难度都非常的低，一问涉及当事人诉讼地位的列明，而另一问涉及管辖权的判断。这都是我们讲过的重点内容。

2021年民事诉讼法的题目和民法结合，考查了4问，都是民事诉讼法当中的常见题目，包括管辖的确定、证明责任的分配、反诉的相关程序规则以及申请执行的程序条件等。在2021年延考的题目当中，依然是和民法的内容结合考查，民事诉讼法的分值占到了23分之多，共4问。在这一年的考试题目当中，考查的内容依然非常的常见，包括当事人的确定、证明责任的分配、上诉期届满之后提出上诉的程序规则以及关于执行启动的程序条件这些大家耳熟能详的内容。

三、命题规律

民事诉讼法部分的主观题考试主要以案例为载体，对同学们所学知识作综合考查。其中，案情部分以真实的案例为原型，在保持法律关系框架的基础上作适度改编，以适应考试的需要。因此，近年来的主观题体现出以下四方面的特征：

首先，诉讼参与人较多、法律关系复杂。在案情描述方面，摆脱了以前单线的法律关系描述，在一个案例中呈现出多个诉讼标的，并且存在共同诉讼、第三人等特殊元素，使得大家在案情的分析上面临很大障碍。

其次，传统的重点考点依然是考查的重中之重。例如，当事人制度、证据制度、管辖权确定以及涉及仲裁裁决的效力、对仲裁协议效力的异议、撤销仲裁裁决的程序等考点，均是民事诉讼法讲授中的传统重点。新的法考命题依然以这些传统重点为重要的命题基础，命题角度也中规中矩。这就提醒同学们必须重视对传统重点的学习，失去了对传统重点扎实掌握的基本功，法考复习就成了无源之水、无本之木。

再次，虽然案例考查的是民事诉讼程序，但是，其与实体法学科交叉，考生必须借助实体法知识进行分析、解答。近年来，这种学科交叉的倾向越来越明显，以破产制度、保险制度、挂靠制度等民商法制度为载体，"实体法搭台，程序法唱戏"的命题形式也日趋流行。大家不但要通晓程序法制度，更要了解实体法规定。要得出正确答案，必须综合运用民法、公司法、破产法和程序法的相关知识。因民事诉讼法是民事实体权利的救济法，其必然与实体法规定水乳交融，二者有着千丝万缕的联系。近几年，民事诉讼法学界最新、最热的研究领域正是实体法和程序法学科交叉的相关问题。要应对这一命题趋势，大家的学习就必须更加深入，必须在记忆的基础上充分理解立法背后的法理。当然，我们在授课时也会强化这方面的训练。

最后，案例考查突破了现行法的范畴，在一定程度上考查了大家的理论功底和对学科知识的掌握，包括对立法没有规定的内容的考查，对学科基础理论的考查，对前沿、热点问题的见解、认识的考查。这些都体现出法律职业资格考试主观题部分对大家的高标准、严要求的特点。例如，2018年第3问，其实考查的就是同学们对重复起诉禁止原则的掌握。这个现实问题背后有非常复杂的理论背景，涉及残部请求的处理问题。但有趣的是，只要能充分理解和掌握我在课上教给大家的知识，就依然能够从容地分析、得出正确的结论。只关注现行法中的制度、程序，几乎不关注抽象理论的命题时代一去不返了，各位考生必须适当理解和掌握重要理论问题。

写作套路

一、阅读技巧

随着司法改革的深入，法律职业资格考试必将更加重视对书本知识运用能力的考查。在前面，我们分析了命题的发展趋势。这种趋势反映在试题上，就是加强对法条和理论应用性的考查。针对现在的命题趋势，建议大家按照系列思维顺序进行解答，以问题为导向，实现从案例材料到所学知识的还原过程，并能顺利地运用知识解答问题。

具体的技巧包括：

第一步，我们要对题目当中给出的案件材料进行精细阅读。在阅读过程中，建议大家完成两项工作：第一就是筛选出案例当中所给的关键词，以及这些关键词背后所隐含的重要信息，如当事人的住所地、双方的合同签订地、当事人提出来的具体证据类型等。这些信息应在第一遍阅读案例时进行详细筛选。而第二个要做的工作就是以主体为框架结构，绘制整个案例的法律关系示意图。在大家绘制的法律关系示意图中，应注意要包含案例当中出现的所有主体，不管这些主体看上去和案件的问题是否有直接关联，同学们都应将它们列在法律关系示意图上，并且要分析这些主体之间存在的法律关系究竟是挂靠关系、租赁关系还是借贷关系。对法律关系的清晰判断和准确认识，是我们能够准确做出题目的基础。

第二步，我们要做的就是在对案件材料进行加工整理的基础上，把关注的焦点从材料转移到题目当中来。这次我们要做的工作是对题目当中问的核心问题进行联想，联想的内容是此问题在大家的知识储备中如何定位，即针对题目考查的信息，明确凝练出相应的知识点。例如，题目中询问本案件应当由何方当事人承担证明责任？对于这样的问题，我们就应当首先将问题定位于考查证明责任的分配规则，进而回忆起证明责任分配的基本理论。当大家能够找到针对此问题的知识点的时候，这道题就成功了一半，而大家对记忆当中知识点的简单复述，也将成为我们在题目当中表述的基本原理部分。

有些同学觉得上述对于阅读技巧的讲授还过于抽象，那么下面我们就通过具体的案例来带领同学们完成一次阅读技巧的实践。基本上阅读一个案例，只需要三轮检索判断，就可以解决所有问题。这种方法稳妥实用。

具体来讲：

[第一步] 提炼关键信息，绘制法律关系示意图。就是将题目当中涉及的答题能够

用到的关键信息搜集整理出来。这些信息是我们解答后面问题的关键，很多信息哪怕缺一个、少一个，问题的答案都会直接发生翻转或者错误。因此，这个过程直接决定着答题的质量。在这个过程中，我们应注意以下这些方面的关键信息：案件的管辖连接点、当事人提供的证据材料以及在案件当中出现的相关主体。从程序角度来看，主要判断法院做了哪些审判行为、双方当事人进行了哪些诉讼活动。这些都是我们关注的焦点问题。

除了对主体的关注外，还需要注意案例当中主体之间形成的法律关系。一般来讲，边答题边绘制法律关系示意图是比较好的做法。很多同学担心绘制法律关系示意图会浪费较多的时间，但正所谓"磨刀不误砍柴工"，如果不绘制法律关系示意图，那么在那些人物繁多、法律关系错综复杂的案件当中，同学们就会一遍一遍地重新阅读案例，由此导致的时间浪费将更加严重。尤其是在近年来，我们的考试题当中甚至出现过13个主体的情况。这种主体繁复的情况非常不利于大家厘清他们之间的法律关系。绘制法律关系示意图可以极大地节省同学们反复阅读题目的时间，也能够大大降低丢漏信息的可能性。

[第二步] 判定问题焦点，进行知识联想。也就是通过精细地阅读案例，准确地将案例背后隐藏的知识点还原为我们学习过的法律语言，进而准确判断问题涉及的考点和作答的角度，以便在读题的时候能够有的放矢地捕捉知识点。主观题所用到的知识点实际上就是我们在客观题用到的知识点中的一部分。从这个意义上来讲，主观题考查的知识范围要比客观题考查的知识范围狭窄一些，这也是有些同学认为主观题的考试难度要比客观题的考试难度小一些的主要原因。但是，主观题又呈现出自己的特色，这个特色体现在两方面：①在出题的时候不会直接问你理论性或者法律规定的问题，而是将理论性的问题或者法律规定的问题隐含在对案情的描述之中。所以，这就要求同学们透过案情的描述，直击题目当中涉及的考点。②会在传统考点的基础之上加以变化和演绎。这样的考查内容显然比客观题的内容更加灵活一些。所以，这就要求同学们在看到案情的时候，能够"剥落案情的外衣"，找到案情背后的知识内核，并且能够将我们所记忆背诵的知识恰当、灵活地运用在这些题目的解析当中。应该说做的题目越多，对于知识的理解越充分，在解答主观题的时候就越发游刃有余。这就是为什么我们强调要多做题。

[第三步] 定点精确分析，得到准确答案。也就是针对每一个问题，展开有效率的分析。这种分析必须依靠我们平时对大家的思路训练。我们在第一步当中得到了小前提，而在第二步当中联想起了大前提，第三步的工作就是以大前提为纲领，结合小前提得出正确的答案。这一步工作主要考查的是大家的表述能力。在此基础上，有层次、清晰、工整地完成答案的书写。

下面，我就以2017年司考卷四第六题为例，向大家讲授该如何在实战中运用上述阅读技巧的第一步和第二步，至于第三步，我们在写作标准和案例带写部分再给大家详细叙述。

[第一步] 一边阅读案件材料，一边分析材料给我们带来的信息。

案情：

2013年5月①，居住在 S 市二河县②的郝志强、迟丽华夫妻③将二人共有的位于 S 市三江区④的三层楼房出租⑤给包童新⑥居住，协议是以郝志强的名义⑦签订的。2015年3月⑧，住所地在 S 市四海区⑨的温茂昌⑩从该楼房底下⑪路过，被三层掉下的窗户玻璃砸伤⑫，花费医疗费8500元⑬。

就温茂昌受伤赔偿⑭问题，利害关系人的说法是：包童新承认⑮当时自己开了窗户，但没想到⑯玻璃会掉下，应属窗户质量问题，自己不应承担责任；郝志强认为窗户质量没有问题，如果不是包童新使用不当⑰，窗户玻璃不会掉下；此外，温茂昌受伤是在该楼房院子内，作为路人的温茂昌不应未经楼房主人或使用权人同意擅自⑱进入院子里，也有责任；温茂昌认为自己是为了躲避路上的车辆而走到该楼房旁边的，不知道⑲这个区域已属个人私宅的范围。为此⑳，温茂昌将郝志强和包童新诉至法院㉑，要求他们赔偿医疗费用㉒。

法院受理㉓案件后，向被告郝志强、包童新送达㉔了起诉状副本等文件。在起诉状、答辩状中，原告和被告都坚持协商过程中自己的理由。开庭审理5天㉕前，法院送达人员将郝志强和包童新的传票都交给包童新，告知其将传票转交㉖给郝志强。开庭时，温茂昌、包童新按时到庭，郝志强迟迟未到庭㉗。法庭询问包童新是否将出庭传票交给了郝志强，包童新表示㉘4天之前就交了。法院据此在郝志强没有出庭的情况下对案件进行审理并作出了判决㉙，判决郝志强与包童新共同承担赔偿责任：郝志强赔偿4000元，包童新赔偿4500元，两人相互承担连带责任㉚。

一审判决送达后，郝志强不服，在上诉期内提起上诉，认为一审审理程序存在瑕疵，要求二审法院将案件发回重审。包童新、温茂昌没有提起上诉㉛。

案情分析：

①交代了时间，要注意时效等和时间有关的问题。②这是一方当事人的住所。③这是本案的当事人。④这是租赁物使用地，也是不动产所在地。⑤这是房屋租赁合同，马上想到专属管辖。⑥这一定是本案的另一个当事人。⑦注意财产共有人作为必要共同诉讼人的追加问题。⑧房子租了2年。⑨这是温茂昌的住所地。⑩又出现了一个新当事人。⑪侵权行为地。⑫显然是侵权案件。⑬这是损害结果。⑭温茂昌应该作为原告。⑮自认了一个事实。⑯表明他自己没有过错。⑰也是表明他自己没有过错。⑱表明温茂昌也有过错。⑲表明他自己没有过错。⑳这部分是各自对于侵权是否成立、自己是否可以免责的事实的陈述。㉑当事人初步确定，温茂昌是原告，郝志强、包童新是共同被告。㉒诉讼请求只要求了医疗费，考虑后面可能就处分原则命题。㉓法院的行为出现了。㉔第一个行为：送起诉状副本。㉕至少提前3天送传票。㉖显然，这么做是不可以的。回忆一下转交送达的适用范围应该是

什么。㉗没收到传票，当然没法来，是不能归责于当事人的原因。㉘骗人。㉙能不能看出这是违法缺席判决？㉚判决结果，可以追偿。㉛可能涉及上诉人和被上诉人地位的问题。

这样，上述案件中的关键信息就都整理完了。只要你整理到这种程度，基本上很难遗漏案件中给出的采分点。在读题的过程中，我们可以绘制出法律关系示意图：

```
        共有
郝志强 ──── 迟丽华
                    侵权关系
    租赁              ────────→ 温茂昌
包童新
```

[第二步] 按照我们上面讲解的方法，准确定位考点。本题共有4问，问题中规中矩，涉及的考点非常丰富，我们在做题的时候需要快速浏览。

1. 哪些（个）法院对本案享有管辖权？为什么？

你马上就清楚，这是考查管辖权的问题，并且要陈述理由。

2. 本案的当事人确定是否正确？为什么？

你马上就清楚，这是考查当事人的问题，并且要陈述理由。

3. 本案涉及的相关案件事实应由谁承担证明责任？

你马上就清楚，这是考查证明责任的问题，虽然没有要求陈述理由，但从分值上看，陈述理由更稳妥。

4. 一审案件的审理在程序上有哪些瑕疵？二审法院对此应当如何处理？

你马上就清楚，这是考查一审的程序规范问题和二审的裁判方法问题。

总结一下，本题涉及管辖、当事人、证明责任、一审程序规范和二审裁判方法五个考点。

我再带着同学们阅读一道2016年的真题材料并分析关键信息：

[第一步] 阅读案件材料，提炼关键信息，绘制法律关系示意图。

案情：

陈某①转让一辆中巴车给王某②但未办过户③。（买卖合同关系，涉及第1问）王某为了运营，与明星汽运公司签订合同，明确挂靠④该公司，王某每月向该公司交纳500元，该公司为王某代交⑤规费、代办各种运营手续、保险等。明星汽运公司依约代王某向鸿运保险公司支付了该车的交强险⑥费用。

2015年5月，王某所雇⑦司机华某驾驶该中巴车致行人⑧李某⑨受伤，交警大队⑩认定中巴车一方负全责，并出具事故认定书⑪。但华某认为该事故认定书有问题，提出虽肇事车辆车速过快，但李某横穿马路没有走人行横道，对事故发生也负有责任⑫。因赔偿问题协商无果，李某将王某和其他相关利害关系人诉至F省N市J县法院⑬，要求王某、相关利害关系人向其赔付治疗费、误工费、交通费、护理费等⑭费用。被告王某委托⑮N市甲律师事务所刘律师担任诉讼代理人。

案件审理中，王某提出其与明星汽运公司存在挂靠关系⑯、明星汽运公司代王某向保险公司交纳⑰了该车的交强险费用、交通事故发生时李某横穿马路没走人行横道⑱等事实；李某陈述了自己受伤、治疗、误工、请他人护理等事实⑲。诉讼中，各利害关系人对上述事实看法不一。李某为支持自己的主张，向法院提交了因误工被扣误工费、为就医而支付交通费、请他人护理而支付护理费的书面证据⑳。但李某声称治疗的相关诊断书、处方、药费和治疗费的发票等不慎丢失，其向医院收集这些证据遭拒绝。李某向法院提出书面申请，请求法院调查收集这些证据，J县法院拒绝㉑。

在诉讼中，李某向J县法院主张自己共花治疗费36 650元，误工费、交通费、护理费共计12 000元。被告方仅认可㉒治疗费15 000元。J县法院对案件作出判决，在治疗费方面支持了15 000元。双方当事人都未上诉㉓。

一审判决生效1个月后，李某聘请N市甲律师事务所㉔张律师收集证据、代理本案的再审，并商定实行风险代理收费㉕，约定按协议标的额的35%收取律师费。经张律师说服，医院就李某治伤的相关诊断书、处方、药费和治疗费的支付情况出具了证明，李某据此向法院申请再审，法院受理了李某的再审申请并裁定再审。

再审中，李某提出增加赔付精神损失费㉖的诉讼请求（增加诉讼请求，涉及第5问），并要求张律师一定坚持该意见，律师将其写入诉状。

案情分析：

①转让人，第一个主体出现。②受让人，第二个主体出现。③这说明两个问题：一是双方之间形成了买卖合同关系；二是未过户，说明车辆已经属于王某所有，但是不具有对抗效力。④挂靠人和被挂靠人的关系，承担连带责任。⑤既然是代交，法律效果就应归属于本人。⑥涉及保险合同关系。⑦雇佣关系就是劳务关系，华某是提供劳务的人。⑧这属于交通肇事侵权，而且是机动车碰撞行人，按照无过错责任归责。⑨这是本案中的受害人，他一定是案件的原告。注意：民事案件中，受到损害的主体一般是叫受害人，而不叫被害人。⑩行政机关，行使公权力的主体。⑪事故认定书是什么？要注意这个证据材料的性质。它应该不是鉴定意见或者勘验笔录，而是属于公权力主体制作的公文书证。⑫这是华某主张的减轻责任的事由。⑬这是一审法院，是个基层法院。⑭一般有"等"的诉讼请求不会涉及漏判、超判的问题。如果没有"等"，就要注意这个问题。⑮当事人可以委托诉讼代理人。⑯这是王某提出的第一个事实。⑰这是王某提出的第二个事实。⑱这是王某提出的第三个事实。⑲这是李某提出的事实。⑳都是书证。㉑这里，法院的行为存在非常明显的错误。因客观原因无法调取的证据，当事人向法院申请调取的，法院是应予以调取。㉒属于自认。㉓一审终审，J县法院就是终审法院（原审法院）。㉔有个很特殊的情况要注意，双方委托的律师是同一个律师事务所的。㉕风险代理是可以的，但对于风险代理是有限制和要求的。㉖这个费用以前当事人并没有提出。因此，需要注意两点：其一是当事人主张医疗费等费用之后，能不能再就精神损失费提出独立的诉讼请求？也就是说，两个诉讼请求是否会构成重复起诉的问题呢？其二是要注意李某增加的赔付精神损失费的诉讼请求是在再审当中提出的，再审当中是否可以提出新的诉讼请求呢？

经过对上述信息的整理，我们再进一步绘制法律关系示意图：

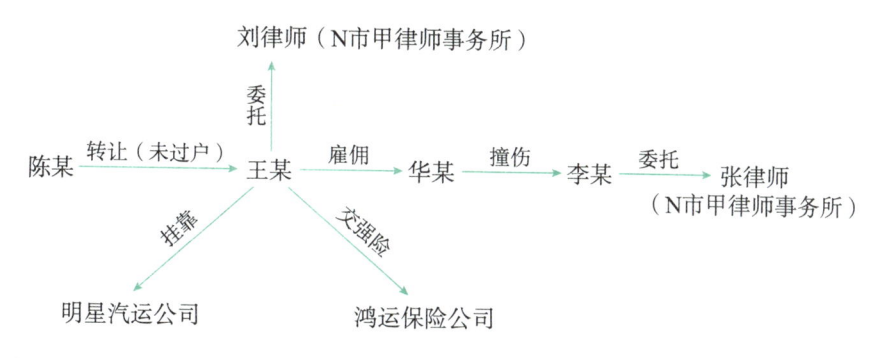

```
                    刘律师（N市甲律师事务所）
                         ↑
                         委
                         托
                         │
陈某 ──转让（未过户）── 王某 ──雇佣── 华某 ──撞伤── 李某 ──委托── 张律师
                       ↙   ↘                                （N市甲律师事务所）
                    挂靠    交强险
                     ↓        ↓
                明星汽运公司  鸿运保险公司
```

[第二步] 在此基础上，我们对问题中涉及的考点进行联想。本题一共6问，我们依次进行分析：

1. **本案的被告是谁？请简要说明理由。**

这是我们在考试当中最经常遇到的常规问题之一。本题考查当事人的确定。一般来讲，在考试当中问原告是谁的概率比较低，主要考查的还是被告和第三人的判断问题。但不管问的是被告还是第三人，我们都要先从原告入手。也就是说，要在确定了原告之后，再根据原告和被告或者第三人之间形成的法律关系来确定其他主体。这样的做法比较稳妥。

2. **就本案相关事实，由谁承担证明责任？请简要说明理由。**

这道题也是非常常规的关于证明责任判断的问题。我们要先找到此证明责任涉及的相关事实，不同的事实会由不同的当事人承担证明责任。而在判断证明责任承担的时候，按照我们讲的证明责任承担规则进行讨论即可。

3. **交警大队出具的事故认定书是否当然就具有证明力？请简要说明理由。**

本题考查的是关于证据的8种法定种类的判断。一般在做这种题的时候，首先要看一下是不是鉴定人出具的鉴定意见或者勘验人制作的勘验笔录；如果都不是，再观察是不是证人说的话——证人证言，或者是不是当事人说的话——当事人陈述；如果也不是，就看一下有没有电子载体或者其他高科技载体，存在前述载体的，可以考虑为电子数据或视听资料；如果也没有特殊载体，那么用内容证明案件事实的就是书证，用外形特征等自身特点证明案件事实的就是物证。

4. **李某可以向哪个（些）法院申请再审？其申请再审所依据的理由应当是什么？**

本题实际上包含两个内容，一个是再审的管辖，另一个是再审的理由。再审的管辖，大家可以联想起当事人应当向作出终审裁判法院的上一级法院或原审法院申请再审的知识点。如果满足双方当事人均为公民或者一方当事人的人数达到10人以上的条件，就既能向上一级法院申请再审，也能向原审法院申请再审；而案件中涉及小额诉讼程序的，就只能向原审法院申请再审。这些内容都是大家耳熟能详的。再审的理由就是《民事诉讼法》第207条规定的十三种理由，我们给大家讲过口诀，大家对此也有印象，在考试时找到题目当中对应的理由，并且把它作答出来就可以了。

5. 再审法院应当按照什么程序对案件进行再审？再审法院对李某增加的诉讼请求，应当如何处理？请简要说明理由。

本题同样包含两个问题，这两个问题都非常基础。第一个问题考查的是再审所适用的程序。再审是一个纠错程序，它没有自己独特的程序，要么按照一审程序进行纠错，要么按照二审程序进行纠错；用提审方式进行的再审，一律适用二审程序。而第二个问题考查的是再审的审理范围。再审当中是不允许当事人增加、变更诉讼请求和反诉的，在本案当中就涉及李某申请再审增加的诉讼请求该如何处理的问题。这一点相信大家都能够很好地应对。

6. 根据律师执业规范评价甲律师事务所及其律师的执业行为，并简要说明理由。

要解决此问题，首先要找到甲律师事务所及其律师的执业行为都包括哪些，然后运用我们学过的法律职业伦理知识对这些行为进行点评并说明理由。像这样的问题，难度非常小，但是此题和案例当中的案情结合非常紧密，所以说，大家能够准确地找到本案存在哪些执业行为，是答对这一问的前提。需要说明的是，因为这属于法律职业伦理的内容，所以这种问题在现在的民诉法当中考查得已经非常少了。

下面就是教大家如何将回忆和复述的原理应用于解题，得到正确的结论。这些原理和结论的表述技巧，就是我们需要掌握的写作套路。

二、设问角度

一般来讲，民事诉讼法部分的主观题主要有以下两种问题，而针对不同的问题，也有不同的解答方法：

第一种是明确问答类的题目。例如，2021年考过"甲公司与枫桥公司的租赁合同纠纷由哪个法院管辖"。对于这种题目，首先要做的是给出明确的结论，这也是答案当中的采分点。如果题目占5分，能准确给出结论就可以获得2分。而在结论之后还应给出支撑性的理由。这种理由不要求复述法条原文，只需要能够对法条的基本要义进行专业化的概括表达即可。理由部分一般可以占3分左右。

第二种是开放问答类的题目。例如，2022年考过"请分析打印的微信聊天记录截图的证据能力和证明力，并说明理由"。这种题目要求考生对此内容进行理论分析，一般而言，很难整理出一个简明扼要的单一结论。对于这种题目，可以采用归纳式的答题方法。首先是明确列举分析需要的要素，其次是针对这些要素展开讨论，最后给出明确的结论。以上述题目为例，要判断一个证据是否具备证据能力，要从该证据是否具备真实性、关联性以及其取得和使用是否具备合法性三个角度展开讨论。这样就有了分析的纲目。通过分析得知其内容真实、取得手段合法、和案件事实具备关联性，最后得到明确的结论，即该证据具备证据能力。而对于证明力的问题，同样需要回忆我们讲过的知识点。该证据属于复印件，而复印件的证明力规则就呼之欲出了。无法和原件、原物核对的复印件、复制品不能单独作为定案的依据,这说明其证明力有待其他证据补强。这样的结论就可以稳定地得到分数。

三、答题思路

我们根据上述设问角度各举一个例子给同学们讲解这两种情况下应按照何种思路进行答题:

(一) 明确问答类题目的解题思路

下面我将以一个具体案例为例,向大家说明这种题目的解题思路:

案情:王某合与王某兰系夫妻关系,二人育有王某东、王某成、王某旺三名子女。2001年5月,王某兰和王某合以交纳首付的形式购买一套房屋,并将房屋登记在王某东名下。2003年7月3日,某国土资源和房屋管理局向王某东颁发《房屋所有权证》,所有权证载明案涉房屋为王某东一人所有。2006年6月至2007年12月31日,案涉房屋先由王某合向外出租,后由王某东向外出租至今。

2014年2月25日,王某兰去世。2014年5月,王某旺与王某合、王某东、王某成因法定继承纠纷诉至A区法院。2014年6月26日,王某东与康某登记结婚。2014年12月25日,王某东和康某共同申请办理案涉房屋所有权转移登记,当日康某领取了案涉房屋的《房屋所有权证》。

2015年1月5日,王某东与康某登记离婚。王某旺提起法定继承纠纷诉讼之后,康某作为王某东委托的诉讼代理人参与诉讼。A区法院于2015年3月27日作出第03742号民事判决,认定案涉房屋虽然登记在王某东名下,但不是王某东的个人财产,而系王某兰、王某合、王某东、王某成、王某旺共有。法院依法分割共有物,确定案涉房屋由王某合享有50%的份额、王某东享有25%的份额、王某成享有15%的份额、王某旺享有10%的份额。

王某东不服上诉至某中院。该中院于2015年9月10日作出终审民事判决:驳回上诉,维持原判。王某东向某高院申请再审。该高院于2016年5月20日作出民事裁定:驳回王某东的再审申请。康某不服某中院于2015年9月10日作出的终审民事判决,向该中院提出第三人撤销之诉。

问题:对于康某提出的第三人撤销之诉,法院应如何裁判?

答题思路:本题考查的内容非常明确,即法院对于当事人提出的第三人撤销之诉应如何裁判。要注意,裁判就包括裁定和判决。那么本案最后到底是作出裁定还是作出判决,应由考生结合具体的案情进行斟酌。这种就是明确问答类的题目,标准答案中就要一个准确的处理结果。所以,我们一般是先给明确性结论,然后再给支撑性理由。具体的解题思路为:

第一步,既然问题涉及康某提出的第三人撤销之诉的处理方法的判断,那么首先我们要完成知识联想，即联想起第三人撤销之诉的起诉条件。根据《民事诉讼法》第 59 条、《最高人民法院关于适用〈中华人民共和国民事诉讼法〉的解释》（以下简称《民诉解释》）第 293 条的规定，提起第三人撤销之诉应当同时具备以下条件：①主体要件，即"对当事人双方的诉讼标的，第三人认为有独立请求权"和"对当事人双方的诉讼标的，第三人虽然没有独立请求权，但案件处理结果同他有法律上的利害关系"；②程序要件，即第三人"因不能归责于本人的事由未参加诉讼"；③实体要件，即有证据证明发生法律效力的判决、裁定、调解书的部分或者全部内容错误，损害第三人民事权益；④时间要件，即第三人自知道或者应当知道其民事权益受到损害之日起 6 个月内提起第三人撤销之诉。

第二步，将联想到的基础知识和本案案情结合起来，进行具体问题的具体分析。在王某旺与王某合、王某东、王某成法定继承纠纷案中，康某作为王某东委托的诉讼代理人参加诉讼，参与了该案一审审理的全过程，对 A 区法院一审判决确认案涉房屋的份额是知晓的。康某如果认为其合法权益受到侵害，则应当作为第三人参与该案的审理，因此，康某在法院审理案件期间没有提出其应当作为第三人参加诉讼的请求，不符合《民事诉讼法》第 59 条第 3 款和《民诉解释》第 293 条规定的"因不能归责于本人的事由未参加诉讼"的情形。

第三步，给出结论。因康某不符合第三人撤销之诉的起诉条件，法院依法应驳回其起诉。这是因为，第三人作为被委托的诉讼代理人参与他人诉讼的，表明其知道他人诉讼。在此情况下，第三人不能证明其申请参加诉讼未获准许或者因客观原因无法参加诉讼，其所提出的撤销之诉不符合法律规定的条件，法院应裁定不予受理；已经受理的，应裁定驳回起诉。

（二）开放问答类题目的解题思路

下面我将再以一个具体案例为例，向大家说明这种题目的解题思路：

案情： 青海省高级人民法院（以下简称"青海省高院"）在审理上海金桥工程建设发展有限公司（以下简称"金桥公司"）与青海海西家禾酒店管理有限公司（后更名为青海三工置业有限公司，以下简称"家禾公司"）建设工程施工合同纠纷一案期间，依金桥公司申请采取财产保全措施，冻结家禾公司账户存款 1500 万元（账户实有存款余额 23 万余元），并查封该公司 32 438.8 平方米土地使用权。之后，家禾公司以需要办理银行贷款为由，申请对账户予以解封，并由担保人宋万玲以银行存款 1500 万元提供担保。青海省高院冻结宋万玲存款 1500 万元后，解除对家禾公司账户的冻结措施。

2014 年 5 月 22 日，青海金泰融资担保有限公司（以下简称"金泰公司"）向青海省高院提供担保书，承诺家禾公司无力承担责任时，其愿承担家禾公司应承担的责任，担保最高限额 1500 万元，并申请解除对宋万玲担保存款的冻结措施。青海省高院据此解除对宋万玲 1500 万元担保存款的冻结措施。案件进入执行程序后，经青海省高院调查，被执行人青海三工置业有限公司（原家禾公司）除已经抵押的土地使用权及在建工程（在建工程价值4亿余元）外，无其他可供执行财产。保全阶段冻结的账户，因提供担保解除冻结后，进出款8900余万元。执行中，青海省高院作出执行裁定，要求金泰公司在3日内清偿金桥公司债务1500万元，并扣划担保人金泰公司银行存款820万元。金泰公司对此提出异议称，被执行人青海三工置业有限公司（原家禾公司）尚有在建工程及相应的土地使用权，请求返还已扣划的资金。

问题：本案应如何开展执行程序？

答题思路：这种题目就是开放问答类的题目。这并不是说这种题目的答案本身具有开放性——可以像刑法那样进行观点展示，更不是说当考生提供了若干个观点的时候，只要在逻辑上能够自洽、言之有物，就能够得分，而是说这样的题目在答案上仍然只有唯一的正确结论，但是题目并没有明确框定考生应当回答的方向，所以具有一定的发散性。考生应当准确地抓到问题当中给出来的具体指引和关键信息，并据此答出命题人所最关注的关键问题，这样才能得分。因此，这种题目的难度要比明确问答类题目的难度大一些。当我们遇到这种题目的时候，就要比明确问答类题目多分析一步。

第一步要做的就是将开放问答类题目简化为明确问答类题目。这就要求考生准确提炼出命题人在案例当中给出来的关键信息，并在此基础上自己给自己提出一个命题人所关注的明确问答类题目。结合本案来看，在案情当中存在着债权人金桥公司、债务人家禾公司两方当事人，而本案当中的担保方式历经了更迭，即从最开始的宋万玲以银行存款1500万元提供担保到后来金泰公司向青海省高院提供担保书，承诺在家禾公司无力承担责任时，其愿承担家禾公司应承担的责任，担保最高限额1500万元。要注意这个表述。这就说明，在出现纠纷的时候，保证人是金泰公司。《最高人民法院关于人民法院执行工作若干问题的规定（试行）》第54条规定："人民法院在审理案件期间，保证人为被执行人提供保证，人民法院据此未对被执行人的财产采取保全措施或解除保全措施的，案件审结后如果被执行人无财产可供执行或其财产不足清偿债务时，即使生效法律文书中未确定保证人承担责任，人民法院有权裁定执行保证人在保证责任范围内的财产。"分析上述规定中的保证责任及本案中金泰公司所作承诺可知，金泰公司承担的是类似于《民法典》物权编规定的一般保证责任。

那么现在遇到什么问题了？在执行中，青海省高院作出执行裁定，要求金泰公司在3日内清偿金桥公司债务1500万元，并扣划担保人金泰公司银行存款820万元。金泰公司对此提出异议称，被执行人青海三工置业有限公司（原家禾公司）尚有在建工程及相应的土地使用权，请求返还已扣划的资金。这就涉及同时存在债务人财产和一般保证人财产作为执行标的时，应如何开展执行程序的问题。那么，本案要解决的核心问题就显而易见，可以概括为：若债务人尚存有财产，能不能对保证人的财产进行执行？

在此基础上，我们可以开展第二步的工作，即对我们学过的知识进行联想。首先，我们可以联想到一般保证人的先诉抗辩权问题。一般保证人的先诉抗辩权，是指在主合同纠纷未经审判或仲裁，并就债务人财产依法强制执行仍不能履行债务前，保证人对债权人可以拒绝承担保证责任。但需注意，若有证据证明债务人本身没有财产或财产不足以履行全部债务或丧失履行能力，则从实质效果考虑，此时保证人无法再以先诉抗辩权进行抗辩，以此来保证实质公平。为此，《民法典》第687条第2款规定了四种例外，且前三种均是基于上述原理规定的：①债务人下落不明，且无财产可供执行；②法院已经受理债务人破产案件；③债权人有证据证明债务人的财产不足以履行全部债务或者丧失履行债务能力。第四种例外为一般保证人书面放弃了先诉抗辩权，理由在于：当事人自愿处分自己的民事权利，法律应予尊重。另需注意，第三种例外情形是《担保法》（现已失效）未明确列举规定而《民法典》增加规定的，即只要债权人有证据证明债务人的财产不足以履行全部债务或者丧失履行债务能力，保证人就不能行使先诉抗辩权。在课堂当中，我们也反复强调过，一般保证的保证人享有先诉抗辩权的本意并非指在主合同纠纷未经审判或者仲裁，并就债务人财产依法强制执行仍不能履行债务前，债权人不能一并起诉保证人，而是指保证人承担保证责任的时间是在对债务人财产依法强制执行后仍不能履行债务时。换言之，虽然一般保证人享有先诉抗辩权，但债权人也可将其与债务人一并提起诉讼。

但是本案就非常特殊，因为本案中，债务人显然是存有财产的，而我们一般把债务人是否已经达到"不能履行（清偿）债务"的状态理解为能否对一般保证人开始执行的关键。《民法典》施行后，《最高人民法院关于适用〈中华人民共和国担保法〉若干问题的解释》虽已失效，但在此问题未有明确替代性规定的情况下，《最高人民法院关于适用〈中华人民共和国担保法〉若干问题的解释》第131条的规定仍有一定参考价值。该条规定："本解释所称'不能清偿'指对债务人的存款、现金、有价证券、成品、半成品、原材料、交通工具等可以执行的动产和其他方便执行的财产执行完毕后，债务仍未能得到清偿的状态。"该条规定的核心便是方便执行的财产。所谓方便执行的财产，是指清偿直接、变现容易、回收便捷的财产，一般指的是该条列举的存款、现金、有价证券、成品、半成品、原材料、交通工具等动产，但不限于动产。当然，除本条列举的财产外，不排除还有其他方便执行的动产和不动产，如土地、建筑物。但一般而言，不动产与动产相比变现困难，变现周期长，一般情况下，不认为其属于方便执行的财产。另外，债务人的对外债权一般也不认为其属于方便执行的财产。如果债务人方便执行的财产已经执行完毕，即便债务人还有其他难以回收或变现的财产没有被执行，也属于"不能清偿"的状态，此时可执行担保人的财产。

第三步，我们联系本案的具体案情进行分析并给出结论。在本案中，对不动产是否属于方便执行的财产的判断，应由法院根据不动产的实际状态，从执行实践出发来进行。千万要注意，本案中，债务人的财产仅仅有"在建"的工程及与工程相关的土地使用权，如果理解为"地随房走"，那么在债务人仅有在建工程及相应的土地使用权可供执行的情况下，既不经济也不方便，故而直接执行保证人的财产具有正当性。

第四步，给出本题的标准答案。法院应驳回金泰公司对法院执行行为提出的异议，可以继续直接执行金泰公司的财产。理由是：金泰公司虽然作为本案的一般保证人，具备先诉抗辩权,但由于青海三工置业有限公司(原家禾公司)仅有在建工程及相应的土地使用权可供执行,既不经济也不方便,在这种情况下,法院可以直接执行金泰公司的财产。

四、写作步骤

同学们在答题的时候,可以按照下列步骤作答:

第一步:给出明确的结论。例如,某县基层法院对本案具有管辖权;本案中,王某可以作为被告参加诉讼;因果关系要件应由被告某某公司承担证明责任;等等。

第二步:结合案情阐述理由。一般来讲,理由部分应当简要地包含大前提和小前提两种关键内容。大前提就是同学们运用自己的语言概括的法律依据或法理依据,此处并不要求同学们照搬法条,甚至不以列出法条的具体条文号作为采分点之一。同学们只要能够运用法言法语,按照自己的语言组织文字,将相关法条的关键要点陈述清晰即可。而小前提则是对案情的简要回应。小前提中,要结合案例中给出的关键信息作答。

写作标准

同学们在写作时，要按照如下写作标准展开：

首先，要简明扼要、直击要点，忌东拉西扯、冗余啰嗦。

举个例子来说明。

题目中问：在环境污染公益诉讼中，侵权人高某因污染行为已经承担行政责任或者刑事责任，其是否还需要承担民事责任？

标准答案：还需要承担民事责任。

根据《民法典》第187条的规定，民事主体因同一行为应当承担民事责任、行政责任和刑事责任的，承担行政责任或者刑事责任不影响承担民事责任；民事主体的财产不足以支付的，优先用于承担民事责任。因此，高某承担了行政责任或者刑事责任，不影响其承担民事责任。

错误示范：民事责任是民事主体违反民事法律规范所应当承担的法律责任；行政责任是个人或者单位违反行政管理方面的法律规定所应当承担的法律责任；刑事责任是违反刑事法律规定的个人或者单位所应当承担的法律责任。总的处理原则是三者并行不悖。通常情况下，某一违法行为同时涉及民事、行政和刑事法律责任的，应当依照所违反的法律条款，同时承担不同的法律责任。例如，违法的医疗执业行为同时构成"非法行医罪"或"医疗事故罪"，当事人就面临同时承担民事、行政和刑事法律责任的情形，需要赔偿利益受损方的经济损失并可能被吊销执业证照、被判处刑罚等。在特定的情况下，某一责任主体的财产不足以同时满足承担民事赔偿、罚款、罚金和没收财产等民事、行政或刑事责任的，优先承担民事赔偿责任；当行政责任和刑事责任同时涉及财产罚或人身自由罚时，执行环节进行折抵。

其次，应问啥答啥、结论鲜明，忌含糊其辞、答非所问。

我们要做的是让阅卷老师能一目了然地快速找到采分点和有效答案。再举个例子来说明。

题目中问：在执行阶段，债权人王某和债务人李某就本案判决中的义务履行达成了以物抵债的协议，本案中，王某和李某是否可以依据达成的协议申请法院强制执行？

标准答案：不可以。

本案中，王某和李某达成的协议属于执行和解协议。因为执行和解协议不具备强制执行力，所以，王某和李某不能依据执行和解协议对债务人的财产申请强制执行。

错误示范：王某和李某达成的协议属于执行和解协议。执行和解协议，是指在执行程序中，双方当事人经平等协商，就变更执行依据所确定的权利义务关系自愿达成协议，从

而使原执行程序不再进行的制度。(没有明确给出结论,也没有针对题目中的问题作答,而是泛泛而谈执行和解协议)

最后,应全面完善、有理有据,忌丢漏要点、顾此失彼。

同样举个例子来说明。

题目中问:在原股东钱某到期未履行出资义务的情况下,即转让股权给李某,是否可以追加钱某为被执行人?如果法院追加了钱某为被执行人,被执行人应如何救济?

标准答案:可以追加钱某为被执行人。作为被执行人的营利法人,财产不足以清偿生效法律文书确定的债务的,申请执行人可以申请变更、追加未缴纳或未足额缴纳出资的股东为被执行人,在尚未缴纳出资的范围内依法承担责任。钱某到期未履行出资义务即转让股权,需为公司以后的债务承担法律责任,所以,可以追加钱某为被执行人。

钱某对于法院作出的追加自己为被执行人的裁定不服的,可以自裁定书送达之日起15日内,向执行法院提起执行异议之诉。被申请人钱某提起执行异议之诉的,以申请人为被告。

注意:涉及多问的,最好分段写作,这样看起来针对性强,条理清晰。

错误示范:可以追加债务人的股东李某为被执行人。因为该股东未履行出资义务。(题目问的是钱某,且未回答如何救济)

案例带写

在这部分，我给同学们例举了一个非常接近于考试的长度和难度的案例题，这道题一共有5问，和我们考试的问题数量及设问角度也非常相像。下面我将带领同学们从读题开始，帮助大家分析问题和联想知识，通过实操的方法熟悉我们前面讲过的阅读技巧和写作要求。

案情：

家住东海市金龙区①的王某于2017年②在孙某③经营的诚信拍购物网④（虚拟网络购物平台，其注册公司为诚信拍公司，注册地为南火市⑤）上的店铺中购买了一只哈士奇宠物犬⑥，交易金额合计1176元⑦。因王某家人反对其养狗，孙某遂通过快递将宠物犬邮寄至王某位于西山市胜利区⑧的舅舅家中代养。但宠物犬被邮寄至舅舅家中后，王某通过和该宠物犬视频发现，该宠物犬的腿奇短无比，似乎并不是纯种哈士奇，疑似是和柯基犬杂交后形成的非纯种犬。后王某以上述宠物犬品种与纯度和宣传严重不符⑨为由，多次与孙某交涉赔偿事宜，在协商无果之后，于2018年向东海市金龙区法院⑩起诉，请求判令孙某退还货款并赔偿交通费、误工费等各项损失⑪。

与此同时，王某认为，他在发现孙某所卖商品与宣传严重不符之后立即向诚信拍购物网投诉，并将孙某的诚信拍店铺首页上发布的商品图片、收到的实物图片以及与孙某在网站后台聊天软件的交涉截图上传至诚信拍购物网纠纷解决页面，但诚信拍购物网对王某的投诉置之不理。王某主张，诚信拍购物网作为大型购物网站，理应对其入驻经营者的经营行为履行监督职责，但诚信拍公司却疏于监管，放任孙某销售假冒、伪劣商品，因此，王某要求其与孙某一起承担连带责任⑫。

东海市金龙区法院受理本案后向孙某和诚信拍公司送达了应诉通知等相关诉讼文书。被告诚信拍公司向法院提出管辖权异议⑬。诚信拍公司认为，争议双方此前已签订《诚信拍平台服务协议》，该协议约定在双方协商不成时，任何一方均可向被告所在地有管辖权的法院提起诉讼⑭。诚信拍公司的注册地南火市设有互联网法院⑮，该协议合法有效，对双方均具有约束力，而南火市互联网法院对涉网民事案件实行统一管辖，对本案具有管辖权，故诚信拍公司请求东海市金龙区法院将本案移送⑯至南火市互联网法院审理。

经法院查明，被告孙某的户口一直在老家东行市凤舞区⑰，2014年，孙某外出去中北市河西区打工，2016年年初才从中北市搬迁至天星市豪泰区⑱居住。为开设网店，孙某于2017年在工商行政管理部门注册登记为个体工商户，没有字号⑲。

案情分析：

①这是一方当事人的住所地。②注意这个时间，可能涉及诉讼时效等问题。③这显然是另一方当事人。④这里涉及网络购物平台，注意联想第三方网络购物平台的法律责任问题。一旦涉及网络，就要马上联想到互联网法院。希望同学们形成一个必要的条件反射。⑤这是网络平台公司的住所地。⑥由此可知，这是需要"其他交付"（邮寄）的网络购物合同。⑦一般来讲，这种对金额等信息的介绍价值不大，可以不花时间看。⑧这是网络购物合同中约定的收货地。⑨由此产生的就是网络购物合同纠纷，属于产品瑕疵。注意，这不属于产品缺陷，不能以侵权为由起诉。但如属于产品缺陷，就必须分为合同纠纷和侵权纠纷两条线来考虑。⑩这是起诉到的法院，即原告王某住所地法院。⑪注意这种诉讼请求。本题中谈到了"等"，如果没有"等"字，而是明确、尽数列举，就要注意超判、漏判等问题。⑫相当于将诚信拍公司作为共同被告。这里我们就要考虑要求其承担连带责任的法律基础。⑬涉及管辖权异议，首要考虑的是异议提出的时间，其次才是理由。本题中可以理解为在送达后的答辩期内提出，应该是符合时间要求的。⑭这个约定的内容属于协议管辖。对这点要非常敏感。⑮这已经不是暗示，而是疯狂地明示了。⑯马上联想起移送管辖的判断标准，即是否属于"从无到有"。⑰这是被告的住所地。⑱结合后面的诉讼时间，可知天星市豪泰区属于被告孙某的经常居住地。⑲一个没有字号的个体户，应以经营者为诉讼当事人。

问题：

1. 诚信拍公司所提出的管辖权异议是否成立？法院对此应该如何处理？请简要说明理由。（5分）

2. 根据《民事诉讼法》及相关司法解释的规定，哪些（个）法院对本案有管辖权？请简要说明理由。（5分）

3. 如果东海市金龙区法院对本案并无管辖权，根据现有立法和司法解释的规定，法院应如何纠正这一管辖权错误？若法院的纠正行为仍有错误，当事人是否还有救济的方法？为什么？（5分）

4. 针对自己的诉讼请求，王某向法院提交与孙某在网站后台聊天软件上的交涉截图作为证据。请问该证据属于哪种法定证据种类？请简要说明理由。（4分）

5. 如在诉讼过程中，被告孙某主张王某发帖损害其声誉，导致其经营受损，请求法院判令王某删除帖子，在同一论坛上发帖道歉，并赔偿其经济损失5000元，法院可否将其作为反诉，合并审理？请简要说明理由。（5分）

我们看到这种题目时，首先是提炼题目中的关键信息。如案情中的标注所示，我已经帮同学们从头到尾进行了提炼和联想，同学们在以后做题时也可以仿照我这种方式，这非常有利于准确、全面地整合出解题需要的知识。在此基础上，我们再绘制法律关系示意图。本题的法律关系非常简单,因此绘制此图也很容易。

```
王某(原告)      网络购物合同纠纷       孙某(被告)
东海市金龙区  ─────────────────     天星市豪泰区

                                  诚信拍公司(共同被告)
                                  南火市-互联网法院
```

本题一共五个题目,我们来依次解答:

第1个问题:诚信拍公司所提出的管辖权异议是否成立?法院对此应该如何处理?请简要说明理由。

答题思路:首先,本案系因产品质量问题而引发的纠纷,在合同责任与侵权责任发生竞合的场景下,根据《民法典》第186条的规定,原告有权根据自己的利益判断选择所要行使的请求权。法院应当根据原告的选择确定案由;如果原告的诉讼请求不明,法院应予以释明。在本案中,根据有效的协议管辖优先于法定管辖适用的原则,无论原告选择何种诉求,皆应先行审查协议管辖的有效性问题。而本案中,显然原告提起的是合同纠纷的诉讼。

诚信拍公司在管辖权异议理由中提及,双方在《诚信拍平台服务协议》中均同意选择被告住所地法院管辖。该协议管辖条款是否有效,需从以下两个层面考虑:①厘清条款性质。双方之间的约定管辖条款的性质属于格式条款。格式条款是当事人为了重复使用而预先拟订,并在订立合同时未与对方协商的条款。因而,《诚信拍平台服务协议》系典型的格式合同。②判断条款效力。根据《民诉解释》第31条的规定,经营者使用格式条款与消费者订立管辖协议,未采取合理方式提请消费者注意,消费者主张管辖协议无效的,人民法院应予支持。这是因为,虽然协议管辖条款的内容并不能免除经营者的责任或限制其责任,但排除了消费者选择合同履行地法院等其他法院管辖的权利,在方便经营者诉讼的同时,对于消费者的诉讼行为造成不便。综上所述,诚信拍公司与原告王某之间的协议管辖条款无效,应适用法定管辖规则来确定管辖法院。

这样,我们就可以整理出标准答案。本题其实是两问,我们分自然段依次准确回答。

答案:(首先给出明确结论)诚信拍公司提出的管辖权异议不成立。(1分)这是因为(给出理由,不要长篇大论,就直接简要给出大前提和小前提),根据《民诉解释》第31条的规定,经营者使用格式条款与消费者订立管辖协议,未采取合理方式提请消费者注意,消费者主张管辖协议无效的,人民法院应予支持。本案中,诚信拍公司制定的协议管辖条款属于格式条款,其未能提醒消费者注意,故无效。(2分)

(再给出第二问答案)因诚信拍公司提出的管辖权异议不成立,法院应当裁定驳回管辖权异议;诚信拍公司如若对该裁定不服,可向上级人民法院提起上诉。(这种问法院做法的题目一般不需要理由,因为管辖权异议不成立就是其理由。异议不成立就是要驳回其异议。)(2分)

第 2 个问题：根据《民事诉讼法》及相关司法解释的规定，哪些（个）法院对本案有管辖权？请简要说明理由。

答题思路：管辖权属于法院依职权调查的事项。我们反复地讲，在确定案件的管辖法院时，应遵循专属管辖规则优先于协议管辖规则、特殊地域管辖规则次之、一般地域管辖规则最后适用的审查规则。本题中并不存在专属管辖。专属管辖的效力是最强的，仅适用于法律规定的某些特殊案件，包括不动产纠纷、港口作业纠纷和继承遗产纠纷。但本题中涉及的是专门管辖的概念。专门法院管辖与专属管辖不同，其也不是集中管辖（主要是破产案件）。在我国设立的专门法院包括海事法院、互联网法院、知识产权法院、军事法院等。与本案相关联的是互联网法院对于相应市辖区内特定类型涉网案件的专门管辖。基于网络空间的虚拟性、无边界性等特点，传统地域管辖规则在涉网案件的适用上面临巨大挑战。为应对此类新型纠纷的出现，互联网法院相继成立，随后，2018 年最高人民法院发布了《关于互联网法院审理案件若干问题的规定》，明确了互联网法院的管辖范围和程序适用规则。目前，在设有互联网法院的地方，一般和互联网相关的民事纠纷都由互联网法院专门管辖。

诚信拍公司与原告王某之间的协议管辖条款无效，这一点是第 1 问的内容，就不再多说。下面就需要考虑特殊地域管辖规则。在本案中，原告王某根据合同关系选择主张网络购物合同纠纷，则应根据《民事诉讼法》第 24 条的规定，适用合同纠纷的一般管辖规则，即由被告住所地或者合同履行地法院管辖。在此基础上，我们依次确定这两个法院都在哪里：

首先，被告住所地的确定。孙某所经营的诚信拍购物网上的店铺属于个体工商户，又没有字号，在诉讼中应以营业执照上登记的经营者孙某为当事人。公民的住所地是指公民的户籍所在地。被告住所地与经常居住地不一致的，由经常居住地法院管辖。该立法目的在于便于民事诉讼活动的开展，方便案件当事人参加诉讼活动，减少当事人的诉累。依此，《民诉解释》第 4 条中对于经常居住地的界定，限定在公民离开住所地至起诉时已连续居住 1 年以上的地方，但公民住院就医的地方除外。因此，在以经常居住地确定案件管辖时，不仅要符合连续居住 1 年以上的条件，还应满足起诉时被告仍在该地居住的条件。在本案中，孙某虽然也在中北市河西区连续居住 1 年以上，但起诉之前孙某就已经离开了中北市河西区来到天星市豪泰区，且在天星市豪泰区连续居住 1 年以上，因此应将天星市豪泰区认定为其经常居住地，并由其优先于住所地具备管辖权。由于本案中，原告王某也要求诚信拍公司承担连带责任，属于将其列为共同被告。诚信拍公司在性质上属于法人，法人或者其他组织的住所地是指法人或者其他组织的主要办事机构所在地，即南火市。而本案涉及互联网纠纷，应由南火市互联网法院专门管辖。

其次，合同履行地的确定。根据《民诉解释》第 20 条的规定，以信息网络方式订立的买卖合同，通过信息网络交付标的的，以买受人住所地为合同履行地；通过其他方式交付标的的，收货地为合同履行地。合同对履行地有约定的，从其约定。在本案中，双方缔结的合同显然属于以其他方式交付的网络购物合同（不是网络交付），那么收货地就是合同履行地，即买受人王某指定的收货地——西山市胜利区。

综上所述，本案属于网络购物合同纠纷，天星市豪泰区法院、南火市互联网法院以及西山市胜利区法院均具有管辖权。根据《民事诉讼法》第36条的规定，2个以上人民法院都有管辖权的诉讼，原告可以向其中一个人民法院起诉；原告向2个以上有管辖权的人民法院起诉的，由最先立案的人民法院管辖。

这样我们可以进一步据此整理出本题的标准答案。

答案：（首先给出明确结论）天星市豪泰区法院、南火市互联网法院以及西山市胜利区法院对本案具有管辖权。（2分）

（再给出理由）理由：本案属于网络购物合同纠纷，即由被告住所地或者合同履行地法院管辖。天星市豪泰区是被告孙某的经常居住地，该地法院对本案有管辖权；南火市作为共同被告诚信拍公司的住所地，设有互联网法院，而本案属于涉互联网纠纷，故南火市互联网法院也有管辖权；西山市胜利区作为收货地，即合同履行地，该地法院对本案也有管辖权。（3分）

提示：本案不涉及请求权基础竞合问题。如属于产品缺陷，则会涉及这一问题。如属于产品缺陷导致的加害给付，原告就具备了就侵权关系或者合同关系起诉的选择权。原告根据侵权关系选择主张产品责任诉诸法院的，产品制造地、产品销售地、侵权行为地和被告住所地法院具有管辖权。

第3个问题：如果东海市金龙区法院对本案并无管辖权，根据现有立法和司法解释的规定，法院应如何纠正这一管辖权错误？若法院的纠正行为仍有错误，当事人是否还有救济的方法？为什么？（本问是在第2个问题的基础上进一步考查）

答题思路：管辖权是国家赋予法院审判民事案件的权利，也是法院对案件进行审理与判决的前提条件之一。无救济则无权利，因此，在法院所确定的管辖权存在错误的情况下，目前的立法框架内主要有两种救济方法：

一种救济方法是法律赋予当事人针对管辖权提出异议的权利。这里的管辖权异议，是指当事人认为审理某一案件的第一审人民法院对案件没有管辖权的，可以提出管辖权异议。《民事诉讼法》第130条第1款规定，人民法院受理案件后，当事人对管辖权有异议的，应当在提交答辩状期间提出。人民法院对当事人提出的异议，应当审查。异议成立的，裁定将案件移送有管辖权的人民法院；异议不成立的，裁定驳回。可以看出，法院对当事人提出的管辖权异议，有两种裁定形式：①当事人异议成立，裁定将案件移送有管辖权的法院；②当事人异议不成立，裁定驳回其异议。需要指出的是，当事人提出管辖权异议是《民事诉讼法》第157条第1款第2项规定的"对管辖权有异议的裁定"的核心要素。

另外一种救济方式则是从法院角度出发，受理案件的法院发现本院受理案件的管辖权存在错误的，可以将该案件移送到其认为有管辖权的法院。我们将这一种纠错制度称为移送管辖。

根据《民事诉讼法》第157条第2款的规定，对管辖权有异议的裁定可以上诉。但人民法院依职权作出的移送管辖裁定，是不允许上诉的。从依职权移送管辖的目的来看，管辖作为民事诉讼的重要制度，是民事程序运作的前提，对于保障当事人的诉权具有重要意义，法律规定，法院发现本院对受理的案件无管辖权时，应移送有管辖权的法院，目的是及时纠正管辖错误，属于法院行使职权，解决内部具体分工和协调问题。同时，若当事人对于法院依职权移送管辖有异议，可向受移送法院提出管辖权异议。因为依职权作出的移送裁定无关当事人对于管辖的主观意思，不涉及"一事不再理"原则问题，对此，《民事诉讼法》并未排除当事人具有的提出管辖权异议的诉讼权利。

这样我们可以进一步据此整理出本题的标准答案。

答案：（首先给出明确结论）法院认为管辖权错误的，可以主动将案件移送至有管辖权的法院。（1分）

若当事人认为法院的移送管辖裁定存在错误的，不能对其提起上诉，但可向受移送法院提出管辖权异议。（2分）

（再给出理由）理由：依职权作出的移送裁定无关当事人对于管辖的主观意思，不涉及"一事不再理"原则问题，对此，《民事诉讼法》并未排除当事人具有的提出管辖权异议的诉讼权利。（只有第二问问了为什么，就只回答这部分，这是因为本题回答的内容已经够多了。命题时，每个问题大概4~5分，回答两个结论和一个理由，已经比较充分。）（2分）

第4个问题： 针对自己的诉讼请求，王某向法院提交与孙某在网站后台聊天软件上的交涉截图作为证据。请问该证据属于哪种法定证据种类？请简要说明理由。

答题思路： 题目中最核心的关键词就是"网站后台聊天软件"上的交涉截图。这说明，这个证据材料涉及网络和电子计算机，我们很容易联想到电子数据这种证据形式。电子数据，是指通过电子邮件、电子数据交换、网上聊天记录、手机短信等形成或者存储在电子介质中的信息。电子数据与视听资料一样，都是随着科技手段的发展进入诉讼证据领域。根据《最高人民法院关于民事诉讼证据的若干规定》第14条第2项的规定，手机短信、电子邮件、即时通信、通讯群组等网络应用服务的通信信息，均属于电子数据的范畴。对于这种问题，在考试当中我们可以这样把握：一旦一个证据以其内容来证明案件事实且具备电子形式，那么就一定要认定其为电子数据；而这种证据材料一旦丧失了电子载体，那么它就一定不是电子数据。换言之，电子数据之所以能够以独立的证据类型存在，就是因为它有区别于视听资料和传统书证的特殊载体，即信息网络或计算机载体。

此外，还需要提醒大家注意的是，如果题目当中询问该证据属于何种证据种类，那么我们回答的就是法定的8种证据种类中的某一种，包括书证、物证等内容，但如果题目询问的是该证据属于何种证据的分类或者何种理论分类，那么询问的就是该证据属于直接证据还是间接证据、传来证据还是原始证据、本证还是反证的问题。大家一定要答即所问，注意题目的问法和需要回答的内容。

答案：（首先给出明确结论）该证据属于电子数据。（2分）

（再给出理由）理由：王某向法院提交的截图是在电子设备和网络信息环境中形成和存储的，具备电子载体，属于电子数据。（每年考试中都会有一道这样基础而简单的问题，这就是出题老师给大家最好的馈赠）（2分）

提示： 要注意电子数据在收集、使用过程中体现出来的不同于传统证据的特点：一方面，电子数据依靠计算机技术存在于一定的设备或介质中，具有能够利用电子技术加以特定、识别或还原的客观性质；另一方面，电子数据所依赖的网络和计算机系统不稳定、易被攻击，以及电子数据本身容易遭受修改且不易留痕，对这种证据的真实性进行审查，往往需要借助专业机构。

第5个问题： 如在诉讼过程中，被告孙某主张王某发帖损害其声誉，导致其经营受损，请求法院判令王某删除帖子，在同一论坛上发帖道歉，并赔偿其经济损失5000元，法院可否将其作为反诉，合并审理？请简要说明理由。

答题思路： 在本案中，已经存在着王某诉孙某和诚信拍公司的独立诉讼，而在题目当中又问及被告孙某对王某提起的名誉权侵权诉讼，因此，这就是两个分别独立的诉讼。而题目非常明确，是问这两个独立的诉讼是否可以作为本诉和反诉合并审理？那么我们就可以直接联想到这样的题目其实问的就是本诉和反诉合并审理的条件。反诉，是指在诉讼程序进行中，本诉被告针对本诉原告向法院提出的独立的反请求。《民事诉讼法》规定反诉制度的目的，一方面在于通过法院对本诉与反诉的合并审理，利用同一诉讼程序解决相关联的纠纷，以提高诉讼效率；另一方面则是为了避免因分别审理而造成的裁判相抵触。为实现上述目的，反诉的诉讼标的与本诉的诉讼标的须有所牵连。这种牵连关系，既可以是法律上的联系，也可以是事实上的联系。

一般来讲，在考试当中会从三个角度考查本诉和反诉是否能够合并审理。

第一个常考的角度就是关于本诉和反诉的主体。要注意，反诉的主体范围不能超出本诉的主体范围。在本案当中，本诉是王某诉孙某和诚信拍公司，而在反诉当中，则是孙某反诉王某。虽然当事人并不完全同一，但是可以认定反诉的主体（孙某、王某）仍然落在本诉的主体范围（孙某、王某、诚信拍公司）之内。因此，从这个角度来讲，本案中，本、反诉当事人的主体要求是符合本、反诉合并审理的条件的。

第二个常考的角度就是关于本、反诉的牵连关系判断。本诉与反诉系基于牵连关系而产生合并审理的基础，如在反诉中引入其他与本诉无关的法律关系，则不符合反诉制度的规定。本、反诉之间涉及的实体法律关系越紧密，就越有必要在同一案件中一并审理，以避免出现相悖的裁判结果。《民诉解释》第233条第2款规定："反诉与本诉的诉讼请求基于相同法律关系、诉讼请求之间具有因果关系，或者反诉与本诉的诉讼请求基于相同事实的，人民法院应当合并审理。"

第三个常考的角度是管辖本诉的法院必须对反诉也具有管辖权，才能将本诉和反诉合并审理。这一点在考试当中出题的方式通常是本诉由某一法院管辖，而反诉则属于专属管辖或者并非属于法院受理的范围。例如，反诉应先申请劳动仲裁等。同学们应注意，此时法院就无法将反诉和本诉合并审理了。

回到本题当中来，在本案中，本诉的诉讼标的是王某、孙某之间涉及宠物犬的网络购物合同关系，反诉的诉讼标的是王某、孙某之间涉及侵犯名誉权的侵权法律关系，而名誉权侵权起因于宠物犬的网络购物合同履行过程中产生的纠纷，即本诉是反诉产生的原因，二者具有事实上的牵连关系，法院可以将孙某的起诉作为反诉，合并审理。

答案：（首先明确给出结论）可以将孙某的起诉作为反诉，合并审理。（2分）

（再给出理由）理由：本案中，孙某诉王某，未超过本诉的当事人范围，而本诉的系争法律关系和事实是反诉系争法律关系和事实产生的前提，因此，二者之间具备牵连关系，符合本诉和反诉合并审理的条件，可以将二者合并审理。（3分）

最后，我们将本题中涉及的考点和重点内容给同学们做一下整理：

1. 一方当事人预先订立的格式合同当中存在协议管辖条款，未采用合理方式提醒消费者注意的，该协议管辖条款无效。《诚信拍平台服务协议》系典型的格式合同，但诚信拍公司并未采取合理方式提醒消费者注意，因此，协议管辖条款无效。

2. 对管辖法院的确定，不能忽略对案件中所涉及法律关系的理解和适用。当事人就合同法律关系起诉的，有管辖权的法院是合同履行地和被告住所地的法院；当事人就侵权法律关系起诉的，有管辖权的法院是侵权行为地和被告住所地的法院。这是主观题当中最常考的两种法律关系。

3. 王某向法院提交的与孙某在网站后台聊天软件的交涉截图属于电子数据。电子数据的原件和复印件虽然较难判断，但是在考试当中依然遵循最佳证据原则，应提交原件、原物。无法提交原件、原物的，可以提交复印件、复制品。而复印件、复制品应当和原件、原物核对，否则无法单独作为认定案件事实的依据。一旦电子数据丧失了电子形式，就不能称之为电子数据。

4. 对于管辖权错误，有两种救济方式：从当事人的角度而言是在一审的答辩期内提出管辖权异议，而从法院的角度而言是主动移送管辖。对于驳回管辖权异议的裁定，当事人有权向上级法院上诉；而对于移送管辖的裁定，当事人无权向上级法院上诉。但是，对于法院移送管辖之后产生的管辖权问题，当事人依然可以向受移送的法院再次提出管辖权异议。

5. 将本诉和反诉合并审理是提高诉讼效率、防止矛盾裁判的重要手段。要想把本诉和反诉合并审理，必须要满足三方面的条件：①反诉的主体不能超过本诉的主体范围；②本、反诉之间必须具备牵连关系；③本诉的法院能够取得对于反诉的管辖权。

三个条件缺一不可。

附：关键法条：

《民事诉讼法》第 22、24、36、130、157 条

《民诉解释》第 3、4、20、26、31 条，第 233 条第 2 款

《最高人民法院关于民事诉讼证据的若干规定》第 14 条第 2 项

《民法典》第 186 条

真题集萃 第二部分

2022年法考主观题回忆版

案情：

2021年1月①，南峰市鹿台区②的甲公司因扩大经营的需要，拟发行公司债券融资。平远市凤凰区③的乙公司的大股东兼法定代表人李某④，也是甲公司的股东，为帮助甲公司销售债券，找到平远市金龙区⑤丙公司的总经理吴某，要求丙公司帮忙购买甲公司的债券。

2021年4月，甲公司债券（3年期，年利率8%）正式发行。4月5日，甲公司与丙公司在南峰市鹿台区签订了《债券认购及回购协议》，约定丙公司认购甲公司5000万元债券，甲公司1年后以5500万元的价格进行回购，如逾期未回购，甲公司向丙公司支付1000万元的违约金。合同还载明，因本合同产生的一切纠纷，均应提交甲公司所在地的南峰市鹿台区法院解决⑥。

4月8日，李某代表乙公司与丙公司在平远市金龙区签订了《担保合同》，约定乙公司为甲公司的回购义务及违约责任等提供"充分且完全的担保"。该担保合同载明："因本合同发生的纠纷，双方应友好协商；协商无法解决的，应提交平远市仲裁委员会解决。"⑦在签约前，丙公司询问李某是否获得了股东会的同意，李某向丙公司提供了一份微信群聊天记录，显示李某曾就担保一事征求乙公司的其他两位股东张某、孙某的意见，二人均微信回复"无异议"。

同日，李某个人应丙公司的请求，就甲公司的回购义务向丙公司提供担保⑧，并明确约定担保方式为：丙公司曾向李某个人借款3000万元，将于2021年7月31日到期；到期后，丙公司可以暂不返还该借款⑨，以此作为李某为甲公司的回购义务提供的担保。

2021年7月31日，丙公司未向李某返还该笔借款。

2022年4月，回购日期届至，甲公司未履行回购义务，丙公司沟通无果，向鹿台区法院起诉甲公司、乙公司⑩，并提出诉讼请求一：甲公司履行回购义务并支付违约金1000万元；诉讼请求二：乙公司对甲公司的上述义务承担连带责任。甲公司在答辩期间提交了答辩状⑪，认为违约金过高，请求法院予以减少。乙公司在答辩期间也提交了答辩状，未提出管辖权异议，但其在庭审过程中⑫提出《担保合同》中存在仲裁协议，鹿台区法院对该案件无管辖权。乙公司的其他两位股东张某、孙某⑬知悉该诉讼的消息后，向法院表示，依照公司章程，公司对外提供担保应经过股东会决议，乙公司为甲公司提供的保证仅为李某的个人意思，未经公司股东会决议，应为无效。李某则表示，虽没有召开股东会，但其通过微信聊天征求过张某和孙某的意见，他们均未表示反对，并提供了一份三人微信聊天记录截图的纸质打印件⑭。李某表示，因为手机更换，其只能提供当时聊天记录截图的纸质打印件。丙公司另行向平远市金龙区法院起诉李某，请求确认李某对其享有的3000万元债权已因承担担保责任而消灭⑮。

后丙公司发现，乙公司本身已无有价值的财产⑯，但其全资控股了主营建筑业务的丁公司⑰。丙公司认为，丁公司长期与乙公司混用财务人员、其他工作人员和工作场所，账目不清，其财产无法与乙公司财产相区分⑱，应与乙公司承担连带责任。丁公司承揽的戊公司的建设工程已竣工验收，但戊公司尚未依照合同约定的时间支付价款1000万元⑲，因此，丙公司希望丁、戊两公司一并承担责任。

案情分析：

①一般在案例中，出现时间的，要稍微留意一下考查时效或者期限的可能。当然，这样命题的并不多。②这是甲公司的住所地。③这是乙公司的住所地。④此主体身份非常特殊，他是乙公司的法定代表人和甲公司的股东，即他是甲、乙两公司的股东。⑤这是丙公司的住所地。⑥本约定属于协议管辖。一般我们看到协议管辖，要习惯性地判断一下其是否有效。判断要素包括财产纠纷、约定地域、有联系。本案中，是就财产纠纷约定地域管辖，属于当事人所在地，故协议管辖有效。⑦本约定属于仲裁协议。同样，我们也要对仲裁协议的效力快速作出判断。判断要素包括财产案件、唯一仲裁委。本案属于财产案件，约定平远市仲裁委作为唯一的仲裁委，所以仲裁协议也是有效的。⑧这样，本案中就形成了三个法律关系，即甲公司和丙公司之间的《债券认购及回购协议》、乙公司和丙公司之间的《担保合同》以及李某和丙公司之间的担保合同。⑨注意这个担保的法律效果。⑩被告是两个，一个和原告有管辖协议，一个和原告有仲裁协议。⑪甲公司的行为已经构成了应诉管辖。⑫有仲裁协议的，要在首次开庭前提出。而乙公司提出的时间已经超过法定期间，其无权再提出异议了。⑬注意！这两个股东在诉讼中是什么诉讼地位？⑭如果是微信聊天记录，则属于电子数据，但打印出来后就丧失了电子形式，且本证据只是复印件，无法和原件、原物核对。⑮这是另一个独立的诉讼。因此，本题中存在两个诉讼，丙公司诉甲、乙公司和丙公司诉李某。⑯没有有价值的财产，可以理解为代位执行的法定条件，但并非代位权诉讼的法定条件。⑰那么，丁公司就是乙公司的全资子公司，且属于一人公司。⑱这就涉及人格混同，刺穿法人面纱的问题。⑲这句话给我们的信息是，戊公司是乙公司的次债务人，乙公司对戊公司有一笔到期债权。

问题：（对于有不同观点的问题，请说明各种观点和理由）

1. 根据丙公司的诉讼请求一，甲公司是否应当履行回购义务？请说明理由。如甲公司主张该回购安排违反了债权人平等受偿的原则，应为无效，甲公司的主张是否合理？请说明理由。
2. 根据丙公司的诉讼请求一，甲公司是否应当支付违约金？请说明理由。关于甲公司请求法院予以减少违约金的主张，能否得到法院支持？请说明理由。
3. 张某和孙某提出乙公司《担保合同》无效的主张是否成立？请说明理由。
4. 根据丙公司的诉讼请求二，乙公司应当承担何种担保责任？请说明理由。
5. 请具体分析李某向丙公司提供的担保的性质。
6. 关于乙公司在开庭过程中提出的管辖权异议，法院应当如何处理？
7. 在丙公司提起的诉讼中，张某和孙某是否有权提出乙公司《担保合同》无效的主张和证据？请说明理由。
8. 请分析打印的微信聊天记录截图的证据能力和证明力，并说明理由。
9. 关于丙公司对李某提出的诉讼，请结合受理条件，分析法院应当如何处理？
10. 丙公司是否有权要求丁公司承担连带责任？请说明理由。
11. 如法院判决支持了丙公司对乙公司的诉讼请求，丙公司在执行过程中申请法院追加丁、戊两公司为被执行人，法院应当如何处理？如法院裁定追加，丁、戊两公司不同意追加，有何救济措施？

问答

（本书只讲解涉及民诉法的四问）

在本题之前的部分中，我带着各位同学详细分析了一道综合模拟题。同样，我再和同学们一起分析本题，将本题作为真题部分的样本。具体的题目的关键信息提炼，在案情部分就已经给同学们做了标识。现在，我们根据整理的法律关系绘制法律关系示意图：

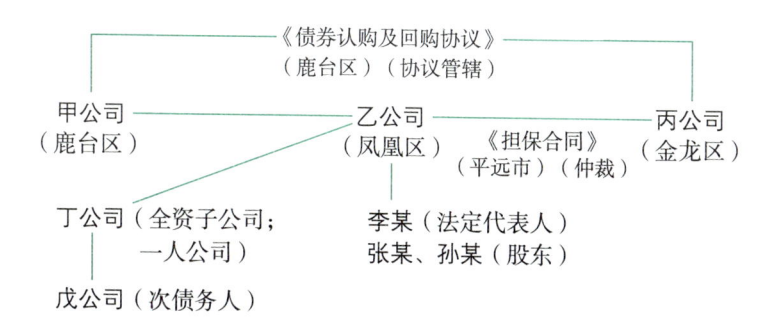

```
                ┌──《债券认购及回购协议》──┐
                │      （鹿台区）（协议管辖）│
   甲公司─────────乙公司──────────────────丙公司
  （鹿台区）    （凤凰区）  《担保合同》    （金龙区）
                           （平远市）（仲裁）
                   │
     丁公司（全资子公司；    李某（法定代表人）
        一人公司）          张某、孙某（股东）

     戊公司（次债务人）
```

接着，我们据此进行具体问题的回答：

6. 关于乙公司在开庭过程中提出的管辖权异议，法院应当如何处理？

解题思路 要准确解答这道题目，就要掌握管辖权异议和主管权异议的区别。所谓主管权异议，是指当事人提出异议称，受理案件的法院对于这类案件没有主管的权力。当事人提出主管权异议的目的是排斥所有法院对于这类案件进行审理和判决的权力。也就是说，法院是不能处理这类纠纷的。在考试当中最常见的涉及法院主管权的问题就是双方当事人订有商事仲裁协议或者双方当事人的纠纷属于劳动仲裁的受案范围。管辖权异议，是指当事人认为法院对于这类案件有主管的权力，但是某个具体的受案法院对于本案没有级别管辖权或者地域管辖权，所以当事人希望受理案件的法院将案件送到真正有管辖权的法院。因为两个制度解决的问题不同，所以管辖权异议要求当事人在答辩期届满前提出，而主管权异议则要求当事人在法院首次开庭前提出。一旦超过了法定的提出时间，当事人即将失去提出异议的相关权利。

总结一下就是：

	提出时间	救济
管辖权异议	答辩期届满前	就管辖权异议裁定向上级法院上诉
主管权异议	法院首次开庭前	就最后作出的判决向上级法院上诉

参考答案 对于乙公司在庭审过程中提出的管辖权异议，法院应不予审查。本案中，乙公

司主张《担保合同》中存在仲裁协议，实际上属于主管权异议，应在法院首次开庭前提出。乙公司在庭审过程中才提出异议，法院应不予审查，对案件继续审理。

7. 在丙公司提起的诉讼中，张某和孙某是否有权提出乙公司《担保合同》无效的主张和证据？请说明理由。

[解题思路] 在诉讼中提出案件事实和证据的权利属于辩论权的一部分，而辩论权为当事人所享有，因此，在诉讼当中能不能提出相关主张和证据取决于该主体是否是本案的当事人。这样的话，我们就要找到本案当中形成的法律关系，进而判断相关主体是否是法律关系当中的主体。

[参考答案] 在丙公司提起的诉讼中，张某和孙某无权提出乙公司《担保合同》无效的主张和证据。从本案的情况看，孙某和张某并不是本案的原告和被告，且二人既不具备独立请求权，也和本案没有直接的法律上的利害关系，因此不能作为本案第三人。二人要参加诉讼，应以证人的身份，但证人没有辩论权，故二人无权提出乙公司《担保合同》无效的主张和证据。

附：

最高人民法院审判委员会讨论通过、2021年2月19日发布的指导案例148号——高光诉三亚天通国际酒店有限公司、海南博超房地产开发有限公司等第三人撤销之诉案中的裁判要点部分明确：公司股东对公司法人与他人之间的民事诉讼生效裁判不具有直接的利益关系，不符合《民事诉讼法》第56条（现为第59条）规定的第三人条件，其以股东身份提起第三人撤销之诉的，人民法院不予受理。

拓展：

1. 指导案例149号：长沙广大建筑装饰有限公司诉中国工商银行股份有限公司广州粤秀支行、林传武、长沙广大建筑装饰有限公司广州分公司等第三人撤销之诉案

裁判要点：公司法人的分支机构以自己的名义从事民事活动，并独立参加民事诉讼，人民法院判决分支机构对外承担民事责任，公司法人对该生效裁判提起第三人撤销之诉的，其不符合《民事诉讼法》第56条（现为第59条）规定的第三人条件，人民法院不予受理。

2. 指导案例150号：中国民生银行股份有限公司温州分行诉浙江山口建筑工程有限公司、青田依利高鞋业有限公司第三人撤销之诉案

裁判要点：建设工程价款优先受偿权与抵押权指向同一标的物，抵押权的实现因建设工程价款优先受偿权的有无以及范围大小受到影响的，应当认定抵押权的实现同建设工程价款优先受偿权案件的处理结果有法律上的利害关系，抵押权人对确认建设工程价款优先受偿权的生效裁判具有提起第三人撤销之诉的原告主体资格。

3. 指导案例151号：台州德力奥汽车部件制造有限公司诉浙江建环机械有限公司管理人浙江安天律师事务所、中国光大银行股份有限公司台州温岭支行第三人撤销之诉案

裁判要点：在银行承兑汇票的出票人进入破产程序后，对付款银行于法院受理破产申请前6个月内从出票人还款账户划扣票款的行为，破产管理人提起请求撤销个别清偿行为之诉，法院判决予以支持的，汇票的保证人与该生效判决具有法律上的利害关系，具有提起第三人撤销之诉的原告主体资格。

4. 指导案例152号：鞍山市中小企业信用担保中心诉汪薇、鲁金英第三人撤销之诉案

裁判要点：债权人申请强制执行后，被执行人与他人在另外的民事诉讼中达成调解协议，放弃其取回财产的权利，并大量减少债权，严重影响债权人债权实现，符合《合同法》第74条（现为《民法典》第538条~540条）规定的债权人行使撤销权条件的，债权人对民事调解书具有提起第三人撤销之诉的原告主体资格。

8. 请分析打印的微信聊天记录截图的证据能力和证明力，并说明理由。

解题思路 问题当中涉及两个关键的概念，都对同学们进行了考查：一个是证据的证据能力，也可以称之为证据资格，是讨论一个案件当中的证据材料是否能够作为定案依据的资格问题。在考试当中，我们往往要通过该证据材料的真实性、关联性和合法性进行综合判断，以上的证据三性缺少其中的一个，该证据材料就不得作为定案依据。另一个是证据的证明力，其指该证据的证明作用的大小。这取决于该证据和案件事实的关联程度，该证据和案件事实的逻辑联系越紧密，其证明力就越大；该证据和案件事实的逻辑联系越松散，其证明力就越小。而该证据和案件事实的逻辑联系紧密到何种程度是法官通过内心的理性、经验和良知进行自由判断的，这种判断案件中证据证明力的方法叫作自由心证。

总结一下就是：

	判断要素	判断方法
证据能力	真实性	依据规范
	合法性（形式、取得、使用）	
	关联性（质）	
证明力	关联性（量）	自由心证

参考答案 微信聊天记录截图本身属于电子数据，但经打印，已经失去了电子形式，该证据以其内容证明案件事实，故属于书证，亦是电子数据的传来证据。

从内容上看，它证明了张某和孙某同意对外担保的事实，和待证事实之间具备关联性，经合法取得，对方当事人亦未对其真实性提出异议，故具备证据能力。

打印的截图系传来证据，在提交原件、原物确有困难时，可以只提交复制品、复印件。但由于该打印截图无法和电子数据原件核对，故其不得单独作为认定案件事实的依据。

9. 关于丙公司对李某提出的诉讼，请结合受理条件，分析法院应当如何处理？

【解题思路】本题主要考查的是诉讼的受理条件。一般而言，受理诉讼需要满足六个条件。积极条件包括原告是否适格、被告是否明确、法院对此案件的管辖是否正确以及当事人的诉讼请求和事实理由是否具体；而消极条件则包括此案件当中当事人是否有诉的利益（起诉有没有必要性和有效性）以及此案件是否属于重复起诉两方面。

总结一下就是：

起诉条件	积极条件（起诉要件）	原告适格或有诉的利益
		被告明确
		主管和管辖正确
		诉讼请求和事实理由具体
	消极条件（妨诉要件）	没有诉的利益
		重复起诉

【参考答案】如法院对本案具有管辖权，则应受理此诉讼。

本案中，丙公司作为原告，其以李某为被告，诉至平远市金龙区法院，诉讼请求为"确认李某对其享有的3000万元债权已因承担担保责任而消灭"。双方当事人之间存在担保合同关系，因此，当事人明确且适格。当事人约定的内容是"丙公司可以暂不返还该借款",丙公司起诉的请求虽然未必能够成立,但内容具体,且丙公司对此具备诉的利益。但题目中未明确李某的住所地,若丙公司起诉的法院系李某的住所地或者经常居住地的法院,则法院应受理此诉讼。

11. 如法院判决支持了丙公司对乙公司的诉讼请求,丙公司在执行过程中申请法院追加丁、戊两公司为被执行人,法院应当如何处理?如法院裁定追加,丁、戊两公司不同意追加,有何救济措施?

[解题思路] 本题考查的焦点是在执行程序当中追加被执行人的相关问题。而在本案当中,涉及公司作为被执行人的时候,是否可以追加公司的股东为共同的被执行人呢?反过来说,如果股东资不抵债,能不能够追加股东所在公司为共同的被执行人呢?应该说,这一问题是非常复杂的。另外,如果法院追加了某人为被执行人,而这个追加行为本身是违反法律规定的,那么被追加的当事人该如何救济呢?这些内容都不是依靠着我们朴素的价值理念能够解决的,它要求大家对于执行变更的法律技术有一个较为全面的理解。

其实立法旨在债权人利益和公司的有限责任之间保持平衡。根据规则,这里可以总结为如下结论:

1. 股东资不抵债的,不能追加股东所在公司为被执行人。
2. 若公司资不抵债,而股东和公司财产发生混同,则分情况讨论:

公司	股东	股东资不抵债	公司资不抵债	救济方法
一人有限责任公司	1个股东	不能追加公司为被执行人	可以追加股东为被执行人	股东向执行法院提出执行异议之诉（需要判断财产混同与否）
非一人有限责任公司	2个以上股东	不能追加公司为被执行人	不可追加股东为被执行人	股东向上级法院复议（不需要判断财产混同与否）

回到本案当中来，丙公司申请法院追加戊公司为被执行人，法院不应支持。若戊公司为乙公司的债务人，则在乙公司不能清偿债务，且戊公司债务到期的情况下，丙公司是可以申请法院执行戊公司财产的。但本案中，戊公司并不是债务人乙公司的债务人，而是丁公司的债务人，故丙公司不可对其代位执行。

如果法院裁定追加了丁公司和戊公司为被执行人，则丁公司和戊公司可以自追加裁定书送达之日起10日内向上一级法院申请复议。

结论：

要判断是否实际出资或抽逃出资、财产是否混同等事实问题，就需要提起执行异议之诉；不需要判断上述事实问题的，仅仅做形式审查，向上级法院复议即可。

[参考答案] 丙公司申请法院追加丁公司为被执行人，法院不应支持。作为被执行人的一人有限责任公司，财产不足以清偿生效法律文书确定的债务的，股东财产和公司财产发生混同时，可以申请变更、追加该股东为被执行人。但本案中，乙公司作为债务人，其是丁公司的独资股东，此情形属于股东财产不足以清偿生效法律文书确定的债务，追加一人有限责任公司为被执行人，没有法律依据。

附一：

《最高人民法院关于民事执行中变更、追加当事人若干问题的规定》第20条

作为被执行人的一人有限责任公司，财产不足以清偿生效法律文书确定的债务，股东不能证明公司财产独立于自己的财产，申请执行人申请变更、追加该股东为被执行人，对公司债务承担连带责任的，人民法院应予支持。

《公司法》第63条　一人有限责任公司的股东不能证明公司财产独立于股东自己的财产的，应当对公司债务承担连带责任。

《全国法院民商事审判工作会议纪要》第13条　人民法院在审理公司人格否认纠纷案件时，应当根据不同情形确定当事人的诉讼地位：

(1) 债权人对债务人公司享有的债权已经由生效裁判确认，其另行提起公司人格否认诉讼，请求股东对公司债务承担连带责任的，列股东为被告，公司为第三人。

(2) 债权人对债务人公司享有的债权提起诉讼的同时，一并提起公司人格否认诉讼，请求股东对公司债务承担连带责任的，列公司和股东为共同被告。

（3）债权人对债务人公司享有的债权尚未经生效裁判确认，直接提起公司人格否认诉讼，请求公司股东对公司债务承担连带责任的，人民法院应当向债权人释明，告知其追加公司为共同被告。债权人拒绝追加的，人民法院应当裁定驳回起诉。

拓展：

1. 作为申请执行人的自然人死亡或被宣告死亡，该自然人的遗产管理人、继承人、受遗赠人或其他因该自然人死亡或被宣告死亡依法承受生效法律文书确定权利的主体，申请变更、追加其为申请执行人的，人民法院应予支持。

作为申请执行人的自然人被宣告失踪，该自然人的财产代管人申请变更、追加其为申请执行人的，人民法院应予支持。

2. 作为申请执行人的自然人离婚时，生效法律文书确定的权利全部或部分分割给其配偶，该配偶申请变更、追加其为申请执行人的，人民法院应予支持。

3. 作为申请执行人的法人或非法人组织终止，因该法人或非法人组织终止依法承受生效法律文书确定权利的主体，申请变更、追加其为申请执行人的，人民法院应予支持。

4. 作为申请执行人的法人或非法人组织因合并而终止，合并后存续或新设的法人、非法人组织申请变更其为申请执行人的，人民法院应予支持。

5. 作为申请执行人的法人或非法人组织分立，依分立协议约定承受生效法律文书确定权利的新设法人或非法人组织，申请变更、追加其为申请执行人的，人民法院应予支持。

6. 作为申请执行人的法人或非法人组织清算或破产时，生效法律文书确定的权利依法分配给第三人，该第三人申请变更、追加其为申请执行人的，人民法院应予支持。

7. 作为申请执行人的机关法人被撤销，继续履行其职能的主体申请变更、追加其为申请执行人的，人民法院应予支持，但生效法律文书确定的权利依法应由其他主体承受的除外；没有继续履行其职能的主体，且生效法律文书确定权利的承受主体不明确，作出撤销决定的主体申请变更、追加其为申请执行人的，人民法院应予支持。

8. 申请执行人将生效法律文书确定的债权依法转让给第三人，且书面认可第三人取得该债权，该第三人申请变更、追加其为申请执行人的，人民法院应予支持。

9. 作为被执行人的自然人死亡或被宣告死亡，申请执行人申请变更、追加该自然人的遗产管理人、继承人、受遗赠人或其他因该自然人死亡或被宣告死亡取得遗产的主体为被执行人，在遗产范围内承担责任的，人民法院应予支持。

作为被执行人的自然人被宣告失踪，申请执行人申请变更该自然人的财产代管人为被执行人，在代管的财产范围内承担责任的，人民法院应予支持。

10. 作为被执行人的法人或非法人组织因合并而终止，申请执行人申请变更合并后存续或新设的法人、非法人组织为被执行人的，人民法院应予支持。

11. 作为被执行人的法人或非法人组织分立，申请执行人申请变更、追加分立后新设的法人或其他组织为被执行人，对生效法律文书确定的债务承担连带责任的，人民法院应予支持。但被执行人在分立前与申请执行人就债务清偿达成的书面协议另有约定的除外。

12. 作为被执行人的个人独资企业，不能清偿生效法律文书确定的债务，申请执行人申请变更、追加其出资人为被执行人的，人民法院应予支持。个人独资企业出资人作为被执行人的，人民法院可以直接执行该个人独资企业的财产。

13. 个体工商户的字号为被执行人的，人民法院可以直接执行该字号经营者的财产。

14. 作为被执行人的合伙企业，不能清偿生效法律文书确定的债务，申请执行人申请变更、追加普通合伙人为被执行人的，人民法院应予支持。

附二：

《最高人民法院关于民事执行中变更、追加当事人若干问题的规定》

第30条　被申请人、申请人或其他执行当事人对执行法院作出的变更、追加裁定或驳回申请裁定不服的，可以自裁定书送达之日起10日内向上一级人民法院申请复议，但依据本规定第32条的规定应当提起诉讼的除外。

第32条　被申请人或申请人对执行法院依据本规定第14条第2款、第17条至第21条规定作出的变更、追加裁定或驳回申请裁定不服的，可以自裁定书送达之日起15日内，向执行法院提起执行异议之诉。

被申请人提起执行异议之诉的，以申请人为被告。申请人提起执行异议之诉的，以被申请人为被告。

《民法典》第535条　因债务人怠于行使其债权或者与该债权有关的从权利，影响债权人的到期债权实现的，债权人可以向人民法院请求以自己的名义代位行使债务人对相对人的权利，但是该权利专属于债务人自身的除外。

代位权的行使范围以债权人的到期债权为限。债权人行使代位权的必要费用，由债务人负担。

相对人对债务人的抗辩，可以向债权人主张。

	类型	目标
程序上的代位	代位保全	要求次债务人不得向债务人清偿
	代位权诉讼	请求法院判令次债务人向债权人清偿
	代位执行	请求法院通知次债务人向债权人清偿

2021年法考主观题回忆版

案情:

枫桥公司因为债务人不能清偿债务,获得了A区一栋写字楼的所有权。这栋写字楼一共20层,其中1~17层由枫桥公司自己使用,第18~20三层对外出租。亨通公司分立出甲、乙、丙三个子公司,其中,甲公司为其全资子公司、乙公司为其控股子公司、丙公司为其参股子公司。甲、乙、丙三个公司与枫桥公司签订租赁合同,分别承租写字楼第18、19、20层。

租赁合同中约定月租金为30万元,3个月一付,承租人不能对基本工程(硬装修)进行改造,但其他部分可以自行装修。另外约定合同履行发生纠纷时由枫桥公司所在地的法院管辖①。亨通公司为甲、乙、丙三个子公司的租金支付义务承担连带责任担保②。

甲公司进场后,发现楼层通风设备有问题,枫桥公司反复修理也没修好。于是甲公司就自行修理,花费维修费60万元。甲公司主张以该60万元来抵租金③,枫桥公司不同意。甲公司第二个季度只向枫桥公司的账户汇了30万元。

枫桥公司将甲公司以及亨通公司诉至法院,要求二者支付租金。诉讼中,枫桥公司主张甲公司已经支付的30万元并非租金,而是另一个合同的货款,要求其支付90万元租金本金与迟延履行的利息。而甲公司则主张以60万元维修费抵销租金。法院最终判决:支持枫桥公司的诉讼请求,甲公司支付租金90万元和利息(按银行同期贷款利率计算),亨通公司承担连带责任。亨通公司承担连带责任后可以向甲公司追偿。

一日,乙公司的合作伙伴丁公司来乙公司办公室洽谈合作项目,欲签订标的额为5000万元的保理合同。丁公司派来的员工钱某将车停在枫桥公司停车场,不料大风刮来,大树断了,砸到钱某的车。钱某修车花费数十万元,因修理费问题与乙公司、枫桥公司发生纠纷。据查,写字楼的其他租户很早之前就曾反映过楼下的树比较危险,需要加固,但枫桥公司没有采取任何措施。乙公司对此事完全不知情。因为汽车修理费纠纷一事,丁公司与乙公司关系恶化,最终导致保理合同没有签订。丙公司见甲公司和乙公司与枫桥公司的合同履行不顺利,于是把第20层直接转租给了戊公司。枫桥公司后因为欠债,把房子整体卖给了己公司,但没有通知甲、乙、丙三个公司。甲公司欲主张第18层的优先购买权,由此又引发争议。

案情分析:

①这属于协议管辖;②亨通公司是承担连带责任的担保人;③这是一个抵销的主张,考虑是反

诉还是抗辩。

> **问题：**
> 1. 甲公司与枫桥公司的租赁合同纠纷由哪个法院管辖？
> 2. 枫桥公司主张30万元属于另一个合同的货款的事实，由谁来进行举证？如法官无法完成自由心证，则应如何判决？
> 3. 甲公司主张以60万元抵销租金属于反诉还是抗辩？
> 4. 亨通公司承担担保责任后能否根据判决直接申请执行甲公司的财产以实现追偿权？
> 5. 钱某的汽车的损失由谁承担？
> 6. 丁公司5000万元的保理合同最终没签订，能否要求枫桥公司承担赔偿责任？
> 7. 丙公司能否将第20层转租给戊公司？
> 8. 写字楼转让后，原租赁合同是否视为解除？
> 9. 甲公司对第18层是否具有优先购买权？
> 10. 亨通公司是否需要对甲公司、丙公司承担连带责任？

问答

（本书只讲解涉及民诉法的四问）

我们首先就本案中和民事诉讼法部分有关的内容绘制法律关系示意图：

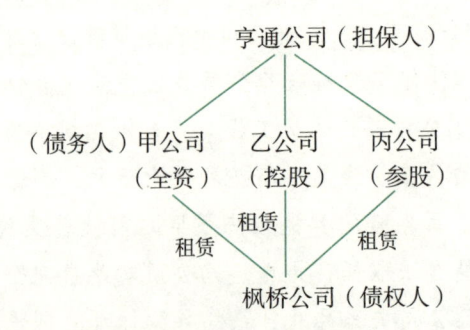

```
              亨通公司（担保人）
              /              \
（债务人）甲公司   乙公司      丙公司
         （全资）  （控股）   （参股）
              \    租赁       /
          租赁    |        租赁
                枫桥公司（债权人）
```

1. 甲公司与枫桥公司的租赁合同纠纷由哪个法院管辖？

【解题思路】本题是我们日常讲授内容中的重中之重，但其实难度是非常小的。只要能够回忆起我们之前讲授的关于管辖方面的知识，基本就可以准确作答。在考虑问题的时候，当然应该优先考虑专属管辖。

【参考答案】甲公司与枫桥公司的租赁合同纠纷应由 A 区法院管辖。

甲公司和枫桥公司之间的合同纠纷属于房屋租赁合同纠纷，根据《民诉解释》第 28 条第 2 款的规定，属于不动产纠纷范畴，应按照《民事诉讼法》第 34 条第 1 项的规定，由不动产所在地法院专属管辖。虽然双方当事人在合同中约定了合同履行发生纠纷时由枫桥公司所在地的法院管辖，但因为该条款违反了专属管辖的规定，不具备法律效力。

附：

《民诉解释》第 28 条　民事诉讼法第 34 条第 1 项规定的不动产纠纷是指因不动产的权利确认、分割、相邻关系等引起的物权纠纷。

农村土地承包经营合同纠纷、房屋租赁合同纠纷、建设工程施工合同纠纷、政策性房屋买卖合同纠纷，按照不动产纠纷确定管辖。

不动产已登记的，以不动产登记簿记载的所在地为不动产所在地；不动产未登记的，以不动产实际所在地为不动产所在地。

《民事诉讼法》第 34 条　下列案件，由本条规定的人民法院专属管辖：

（一）因不动产纠纷提起的诉讼，由不动产所在地人民法院管辖；

（二）因港口作业中发生纠纷提起的诉讼，由港口所在地人民法院管辖；

（三）因继承遗产纠纷提起的诉讼，由被继承人死亡时住所地或者主要遗产所在地人民法院管辖。

2. 枫桥公司主张 30 万元属于另一个合同的货款的事实，由谁来进行举证？如法官无法完成自由心证，则应如何判决？

解题思路 要想搞明白"30万元属于另一个合同的货款"应由谁举证，需要明确两个问题：①"30万元属于另一个合同的货款"这个事实到底是什么性质的事实；②由谁举证和由谁承担证明责任是两个层次的问题。

首先，枫桥公司主张 30 万元属于另一个合同的货款，但本案争议的事实是房屋租赁合同的租金给付问题，而不是另一个合同的履行问题。因此，枫桥公司主张 30 万元是另一个合同的货款，意在说明甲公司应付的 90 万元租金完全没有给付，换言之，甲公司没有履行合同义务。所以，本案的争议焦点是合同是否已经履行。

对于此事实，谁应举证证明呢？我们记住一句话，就是"谁主张，谁举证"。对于当事人主张的事实，当事人必须举证证明。因此，该事实是枫桥公司主张的，应由枫桥公司举证证明这 30 万元是另一个合同的货款，也就是说，枫桥公司应举证证明甲公司没有履行合同义务。

但还有第二个层次的问题，如果法官无法完成自由心证，即法官也无法判断甲公司到底有没有履行合同，那么这个时候，案件事实陷入真伪不明的状态，谁承担"证明责任"，谁就要承担败诉的风险。就合同是否履行的事实而言，甲公司主张已经履行了 30 万元的支付义务，枫桥公司主张甲公司没有履行，这 30 万元也不是房租。这样看就很清楚了，甲公司主张履行的事实成立，按照我们讲的，应承担该事实的证明责任。因此，案件事实真伪不明的时候，应判决甲公司败诉。

[参考答案] 枫桥公司主张 30 万元属于另一个合同的货款的事实，应由枫桥公司举证证明；如法官无法完成自由心证，案件事实陷入真伪不明的状态，则应视为合同未能履行，甲公司未给付 30 万元房租，应判决甲公司败诉。

3. 甲公司主张以 60 万元抵销租金属于反诉还是抗辩？

[解题思路] 本题考查反诉和抗辩的区别。

反诉是被告针对原告提出的反请求，其最大的特点是，被告必须提出自己独立的反请求，没有独立请求的就不是反诉。抗辩，则是指民事诉讼中的被告为防止因原告起诉而产生的对其不利裁判的危险，进行的抵销、吞并或排斥本诉原告的诉讼请求的行为。按照抗辩的目的和作用的不同，大体可以分为诉讼程序的抗辩和诉讼请求的抗辩。针对诉讼程序的抗辩，最常见的就是关于管辖权的抗辩与关于诉讼行为效力的抗辩（如主张对方代理人未获得有效授权）等。对诉讼程序的抗辩虽不能使原告的请求权归于消灭，但对诉讼程序可以发生重大影响，可以在一定程度上决定诉讼权利的行使，也可以在一定程度上影响诉讼的最终结果。而对诉讼请求的抗辩，则是一种实体法上的抗辩，其是指被告提出对抗原告诉讼请求的主张。最典型的就是时效抗辩、免责事由的抗辩和已经履行抗辩（如果被告履行了债务，则债权消灭）等。针对诉讼请求的抗辩一旦成立，就有可能直接导致原告的请求权不能完整地实现或归于消灭。

从抗辩和反诉的区别来看，最简单的判断方法就是看有没有独立的诉讼请求，因为无论如何抗辩，其都不可能产生新的诉讼请求。另外，反诉是一个独立的诉讼请求，可以与本诉合并审理，也可以不合并审理而另行起诉，具有独立性。而抗辩只能由债务人在债权人提起的诉讼程序中进行，不能单独进行。回到本案中来，甲公司所主张的抵销，目的就不是主张原告枫桥公司所主张的债权中，有一部分已经消灭（本身也没消灭）。因为维修行为并不会消灭租金的请求权，而是相当于向对方主张维修费，然后以维修费来抵销租金，故本案中是存在索要维修费这一独立请求的。

[参考答案] 甲公司主张以60万元抵销租金属于反诉。因为甲公司提出了独立的诉讼请求，希望以自己的诉讼请求吞并、抵销掉原告枫桥公司的诉讼请求，已经构成了独立的诉讼请求。

4. 亨通公司承担担保责任后能否根据判决直接申请执行甲公司的财产以实现追偿权？

[解题思路] 要判断能不能依据该判决直接申请执行，需要明确什么样的判决可以申请执行。关于这点，我国法律有明文规定：执行依据要获得执行必须有明确的给付性内容。而在本案中，判决的内容是："甲公司支付租金90万元和利息（按银行同期贷款利率计算），亨通公司承担连带责任。亨通公司承担连带责任后可以向甲公司追偿。"既然亨通公司承担的是连带保证责任，在承担了责任后，就可以全额向债务人甲公司追偿。追偿的金额在判决中也得以确定，因此，本判决是具备明确的给付性内容的。

[参考答案] 亨通公司承担担保责任后可以根据判决直接申请执行甲公司的财产以实现追偿权。因为在法院的生效判决中，亨通公司的追偿份额已经明确，判决具备了明确的给付性内容，根据《民诉解释》第461条第1款的规定，亨通公司可以据以申请强制执行。

附：

《民诉解释》第461条 当事人申请人民法院执行的生效法律文书应当具备下列条件：

（一）权利义务主体明确；

（二）给付内容明确。

法律文书确定继续履行合同的，应当明确继续履行的具体内容。

2021年法考主观题回忆版（延考卷）

案情：

张大明与李小丽结婚，育有一子，取名张晓晓（8岁），双方因感情不和离婚。后李小丽因涉嫌贩毒被收监服刑，张晓晓随父亲张大明一起住在蓝城小区A105号楼。此楼共有12层。后张大明发现张晓晓并非自己的亲生子，为此，张大明多次去监狱询问李小丽孩子的亲生父亲到底是谁，李小丽始终缄口不言。李小丽的父母生活拮据没有抚养能力。

张大明的妹妹张水悦与王旭龙结婚，二人育有一子王小淘（比张晓晓大1周），两个孩子关系很好。某日，张水悦全家到哥哥张大明家做客，张晓晓和王小淘想要出去玩，王旭龙叮嘱他们不要去高层，不要高空抛物。但是张晓晓和王小淘却来到了楼顶。楼顶的灭火器没放好，他们本来想放好，其中一人说，物业自己没放好，他们为什么要帮忙放好？于是二人把其中一个灭火器沿着靠窗的位置推下去。灭火器正好掉到楼下遛弯的郝源面前，郝源受惊吓摔伤。物业公司看了监控录像，但看不清掉下去的灭火器是否和俩孩子推下来的是同一个。

经查，郝源本来是在茶餐厅等客户，打算签订标的额为100万元的合同。郝源先到了，感觉无聊，就把商家的收款二维码换成了自己的，然后就出去遛弯，路过蓝城小区，想进去看看，就骗门卫说自己是业主（物业与业主有协议约定不能放外人进入，除非登记）。保安当时正在接电话，没有进行登记就违规放郝源进入小区。郝源进去之后看见路上有人晾陈皮（查不到是谁晾的），还有一户空调漏水，所以郝源只能贴着墙走，正好被楼上掉下的灭火器吓到了，因此摔伤。郝源因摔伤没能及时赶回茶餐厅，谈判方遂离开。因偷换茶餐厅收费二维码，郝源在住院期间先后收到茶餐厅的收益总计近万元。

其后，郝源将王小淘和张晓晓以及他们的父母起诉至法院，要求赔偿医疗费以及因摔伤住院未签订合同的100万元可得利益损失，并赔礼道歉。一审法院判决被告赔偿郝源的医疗费损失并赔礼道歉。一审判决书送达给了张水悦，彼时张水悦正在与丈夫争议责任如何分担的问题，于是忘了将判决书交给哥哥张大明，导致上诉期已过。执行中，张水悦和郝源达成了和解，只需要多赔偿10万元，就不需要赔礼道歉了。但是履行期满后，张水悦没筹够钱，晚了1周才支付。郝源已经向法院申请了恢复执行，要求对方赔礼道歉。

问题：

1. 张晓晓的监护人是谁？
2. 郝源除了找孩子及其家长索赔，还可以找谁承担赔偿责任？
3. 茶餐厅可以对郝源主张哪些请求权？
4. 郝源要求被告赔偿因未签订合同导致的 100 万元可得利益损失，能否得到支持？
5. 物业对业主是否存在违约责任？
6. 本案中，限制民事行为能力人是否属于适格的诉讼主体？
7. 若起诉时无法确定"差点砸到郝源的灭火器是谁推下来的"，这一事实由谁承担证明责任？
8. 若张大明于上诉期满后提出上诉，法院是否受理？
9. 郝源申请恢复执行的主张能否得到支持？

问答

（本书只讲解涉及民诉法的四问）

法律关系示意图如下：

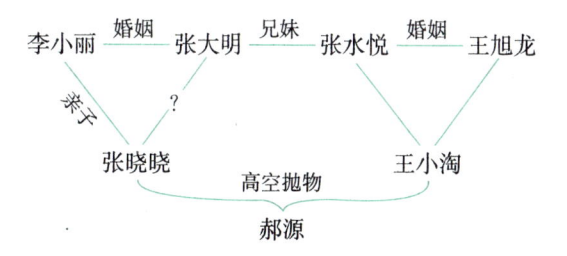

李小丽 —婚姻— 张大明 —兄妹— 张水悦 —婚姻— 王旭龙
　　　　　　亲子　　？
　　　　　张晓晓　　　　　　　　　王小淘
　　　　　　　　　高空抛物
　　　　　　　　　　郝源

6. 本案中，限制民事行为能力人是否属于适格的诉讼主体？

解题思路 本题当中询问的是限制民事行为能力人是否属于适格的诉讼主体，可以从两个角度对此加以考虑：首先，要判断限制民事行为能力人是否具备当事人能力。这是肯定的，因为限制民事行为能力人已经出生而尚未死亡。其次，要判断他是否是适合的诉讼主体，就要看他是不是这个案件的争议法律关系的主体。这需要我们先找到双方当事人之间争议的诉讼标的，然后再判定标的中的主体都是谁。

参考答案 本案中，限制民事行为能力人属于适格的诉讼主体。

根据《民诉解释》第67条的规定，无民事行为能力人、限制民事行为能力人造成他人损害的，无民事行为能力人、限制民事行为能力人和其监护人为共同被告。因此，本案中，张晓晓和王小淘作为限制民事行为能力人，是实施加害行为的主体，属于本案的适格被告。若二人具备赔偿能力，则应以二人财产支付赔偿费用；不足部分，由其监护人赔偿。

附：

《民法典》第1188条 无民事行为能力人、限制民事行为能力人造成他人损害的，由监护人承担侵权责任。监护人尽到监护职责的，可以减轻其侵权责任。

有财产的无民事行为能力人、限制民事行为能力人造成他人损害的，从本人财产中支付赔偿费用；不足部分，由监护人赔偿。

《民诉解释》第67条 无民事行为能力人、限制民事行为能力人造成他人损害的，无民事行为能力人、限制民事行为能力人和其监护人为共同被告。

7. 若起诉时无法确定"差点砸到郝源的灭火器是谁推下来的"，这一事实由谁承担证明责任？

解题思路 这道题最有意思的地方在于需要判断推灭火器的行为在民法上该如何评价。

首先,很多同学会认为推灭火器的行为构成共同危险行为,但是这种观点是不正确的。共同危险行为成立的大前提是行为人都实施了危险行为,只不过损害结果和其中部分人的行为之间存在着因果关系而已。就本案当中两个孩子推下去的灭火器而言,是两个孩子共同实施了该行为,而不是其中哪一个实施的,即二人都存在加害行为,且二人的加害行为和损害结果之间都有因果关系。所以,本案并不成立共同危险行为。

其次,有些同学可能会考虑到建筑物上的悬挂物、搁置物脱落、坠落导致侵权的问题。但是这种侵权行为的主观状态一般应理解为过失,即不存在主动抛掷的动作,这和本案的情形亦不相同。

如果可以确定是二人抛掷的灭火器,则应作为一般共同侵权处理。但题干中又明确"看不清灭火器是否和俩孩子推下来的是同一个",这个信息就是告诉我们,不能确定两个孩子是不是加害人。换言之,目前只有一个灭火器造成了损害结果,但不能确定究竟谁才是加害人。这样看,本题更加符合高空抛物行为的法律特征——只有某个(些)主体实施了加害行为,但又无法确认实施加害行为的行为人。

因此,本题应当按照高空抛物行为的法律特征来确定证明责任的分配,"差点砸到郝源的灭火器是谁推下来的"这一事实应由被告来证明。如被告不能证明自己不是加害人,就要承担连带责任。

参考答案 对于"差点砸到郝源的灭火器是谁推下来的"这一事实应由被告方承担证明责任。

若起诉前不能确定致人损害的灭火器和两个孩子推下来的灭火器是否是同一个,则无法确定具体的加害人。本案的侵权行为属于《民法典》第1254条所规定的"高空抛物"行为。根据该规定,被告方应对自己不是抛掷该物品的侵权人这一事实承担证明责任;如案件事实真伪不明,法院应认定二人承担连带赔偿责任。

附：

《民法典》第1254条 禁止从建筑物中抛掷物品。从建筑物中抛掷物品或者从建筑物上坠落的物品造成他人损害的，由侵权人依法承担侵权责任；经调查难以确定具体侵权人的，除能够证明自己不是侵权人的外，由可能加害的建筑物使用人给予补偿。可能加害的建筑物使用人补偿后，有权向侵权人追偿。

物业服务企业等建筑物管理人应当采取必要的安全保障措施防止前款规定情形的发生；未采取必要的安全保障措施的，应当依法承担未履行安全保障义务的侵权责任。

发生本条第1款规定的情形的，公安等机关应当依法及时调查，查清责任人。

8. 若张大明于上诉期满后提出上诉，法院是否受理？

解题思路 这道题就非常简单了，考查上诉的法定条件。对于此内容的把握主要从四个角度进行：①上诉必须在法定的上诉期内提出，逾期将丧失上诉权。②上诉必须提交书面的上诉状，口头形式的上诉无效。③上诉必须针对法定的文书。有些法律文书是不能上诉的，如调解书。④上诉必须是由法定的主体提出。一审当中的当事人原则上都可以上诉；但是需要注意，在一审当中没有被判决承担责任的无独立请求权第三人无权上诉。

参考答案 若张大明于上诉期满后提出上诉，法院不应受理。

超过上诉期才向法院提出上诉，已经不符合上诉的条件，法院不应受理。但是，本案中，张大明未能及时上诉的原因系张水悦忘了将判决书交给他，张大明本身没有过错，属于因正当事由耽误期限，因此，可以依据《民事诉讼法》第86条的规定向法院申请顺延期限，是否准许，由法院决定。

附：

《民事诉讼法》第 86 条 当事人因不可抗拒的事由或者其他正当理由耽误期限的，在障碍消除后的 10 日内，可以申请顺延期限，是否准许，由法院决定。

9. 郝源申请恢复执行的主张能否得到支持？

[解题思路] 本题主要考查执行和解之后的法律效果，我们对此都耳熟能详。执行和解的法律效果包括两方面：①如果执行和解协议履行完毕，执行即告终结，不得再申请恢复执行原裁判；②如果对方拒绝履行执行和解协议，此时我们可以申请恢复执行。还要给同学们补充一点，如果双方当事人已经就执行和解协议履行完毕，原则上也不得就原来的生效裁判申请再审，因为此时双方当事人的权利义务关系已经通过执行和解的行为进行了变更，原来的执行依据已经被实质性替代。既然当事人愿意履行执行和解协议，就说明权利义务已经实现，再就原来的裁判申请再审是没有价值的。

[参考答案] 郝源申请恢复执行的主张不应得到支持。

郝源和被告方张水悦达成执行和解协议之后，根据《最高人民法院关于执行和解若干问题的规定》第 11 条的规定，只有在债务人张水悦拒绝履行和解协议时，郝源才能申请恢复对原执行依据的强制执行。而本案中，张水悦并非拒绝履行，只是迟延履行。根据《最高人民法院关于执行和解若干问题的规定》第 8 条的规定，和解协议的内容履行完毕的，法院应作执行结案处理。至于张水悦迟延履行给郝源造成的损失，郝源可以依据《最高人民法院关于执行和解若干问题的规定》第 15 条的规定另诉索赔。

附：

《最高人民法院关于执行和解若干问题的规定》

第8条 执行和解协议履行完毕的，人民法院作执行结案处理。

第11条 申请执行人以被执行人一方不履行执行和解协议为由申请恢复执行，人民法院经审查，理由成立的，裁定恢复执行；有下列情形之一的，裁定不予恢复执行：

（一）执行和解协议履行完毕后申请恢复执行的；

（二）执行和解协议约定的履行期限尚未届至或者履行条件尚未成就的，但符合民法典第578条规定情形的除外；

（三）被执行人一方正在按照执行和解协议约定履行义务的；

（四）其他不符合恢复执行条件的情形。

第15条 执行和解协议履行完毕，申请执行人因被执行人迟延履行、瑕疵履行遭受损害的，可以向执行法院另行提起诉讼。

2020年法考主观题回忆版

案情：

A和B以个人的名义与乙公司（位于东下市西河区）协商，A和B以某地块的使用权出资，设立承接开发的项目公司，达成合作开发协议并约定如下：①乙公司为项目运营的商事主体；②A和B不干涉乙公司管理事务，由乙公司全权负责房地产开发管理（包括投资、以土地使用权设定抵押、建设工程等），准备相应资质权证等；③A和B分别持有公司20%的股份，待房地产开发完成后可以分得共40%的房产；④A和B分得房产后，即应无偿将持有的股权转回至乙公司名下；⑤如履行协议过程中发生争议，由被告所在地法院管辖。协议签订后，乙公司的股权进行了变更，并根据股权的调整完成了工商变更登记。

乙公司就自己现有的以及将有的财产（包括2台铲车）与丁公司签订动产浮动抵押合同，并办理登记，借款2亿元，借期5年。自然人C、D明确表示为乙公司提供连带责任保证，丁公司接受。

A和B发现乙公司大规模融资，又迅速对外销售大量房屋，对乙公司的行为产生怀疑。于是请求乙公司为其办理40%房屋的所有权登记，乙公司一直忙于其他事务，对A、B的请求置之不理。后A、B见请求无望，以乙公司违约为由将其诉至东下市西河区人民法院，后A、B经过协商，撤回了起诉，法院予以准许。

问题：

1. A和B起诉乙公司要求交付40%的房屋应当由哪个（些）法院管辖？
2. 自然人C、D为乙公司提供连带责任保证，其诉讼地位如何列明？

问答

1. A和B起诉乙公司要求交付40%的房屋应当由哪个（些）法院管辖？

[解题思路] 本题是一道综合性非常强的民法案例题，考生回忆的题目版本中包含民法和商经法部分，但我只给同学们讲授涉及民事诉讼法的部分。对于一道综合案例题而言，其必然包含实体法和程序法的考点。我们首先要确定具体的诉讼标的类型，因为诉讼标的会直接影响对程序问题的判断，以本题为例，就涉及对管辖的判断。A 和 B 起诉乙公司要求交付 40%的房屋，争议的诉讼标的应是什么呢？题目中明确交代了，是一个"合作开发协议"，由此可知，本案并不属于专属管辖的范畴。按照我们反复强调的一般解题思路，本案中虽然涉及建设工程施工法律关系，但争议的诉讼标的并非建设工程施工合同。在案件不适用专属管辖的情况下，应考虑案件中是否存在协议管辖。而题目中提及"如履行协议过程中发生争议，由被告所在地法院管辖"，就是标准的协议管辖。然后我们来判断协议管辖的有效性问题。根据《民事诉讼法》第 35 条的规定，合同纠纷中，双方当事人可以约定与合同纠纷有实际联系的地点的法院管辖，协议管辖不得违反级别管辖和专属管辖的规定。本案为房地产合作开发协议纠纷，属于可以协议管辖的财产纠纷案件。而双方当事人协议选择的法院是被告住所地法院，是五个与案件有实际联系的法院之一（另外四个是原告住所地、合同签订地、合同履行地和标的物所在地法院），故管辖协议有效，因此本案应由东下市西河区人民法院管辖。

[参考答案] A 和 B 与乙公司之间的管辖协议有效，且本案不属于专属管辖的范畴，因此应由东下市西河区人民法院管辖。

2. 自然人 C、D 为乙公司提供连带责任保证，其诉讼地位如何列明？

[解题思路] 本题相对容易,核心考点是连带责任的诉讼形态问题。按照我们所总结的经验,民法中的连带责任在诉讼中体现为类似必要共同诉讼。既然连带责任保证人C、D与债务人对债权人承担连带责任,此时应尊重原告的处分权。

[参考答案] 如果债权人仅起诉债务人,法院可以不追加保证人C、D为共同被告;如果债权人在起诉债务人的同时起诉C、D,则法院应将C、D列为共同被告。债权人也可以仅起诉保证人C、D,法院可以不追加债务人为共同被告。

2019 年法考主观题回忆版

（一）与商法的融合题

案情：

甲公司是有限责任公司，有 A、B、C、D 公司四位股东。B 公司持股 37%，D 公司持股 8%。四位股东均全额缴纳出资。其中 B 公司与 E 公司之前存在代持股协议，B 公司代 E 公司持有甲公司 17% 的股权，B 公司自己持有 20%。E 公司在甲公司有董事，并派员参加股东大会，其他股东知情后未反对。

B 公司以登记在其名下的 20% 的股权为 D 公司设立质权，D 公司知道 B 公司为 E 公司代持股权的事实。后 B 公司又将 10% 的股权质押给丙公司，丙公司对 B 公司代持股的事实不知情，与 B 公司签订了质权合同并办理了质权登记。后 B 公司不能清偿对 D 公司的债务，D 公司遂申请法院拍卖 B 公司质押的 20% 的股权。E 公司知道后，向法院寻求救济。

其后，E 公司不能清偿到期债务，其债权人丁公司向法院申请执行 E 公司的财产，法院在执行过程中，查到 E 公司在甲公司中有实际出资，要执行登记在 B 公司名下的股权。

问题：

1. E 公司若在法院审理阶段知道自己的权利受到侵害，如何救济？若在执行阶段知道自己的权利受到侵害，如何救济？
2. 若在丁公司对 E 公司股权的执行程序中，B 公司、D 公司、E 公司和丙公司提出执行异议能否获得支持？为什么？

问答

1. E 公司若在法院审理阶段知道自己的权利受到侵害，如何救济？若在执行阶段知道自己的权利受到侵害，如何救济？

解题思路 首先,我们要明确案件中出现的几位主体之间的法律关系,这是分析权利义务关系的立足点。为了便于理解,我绘制了下图,就可以一目了然:

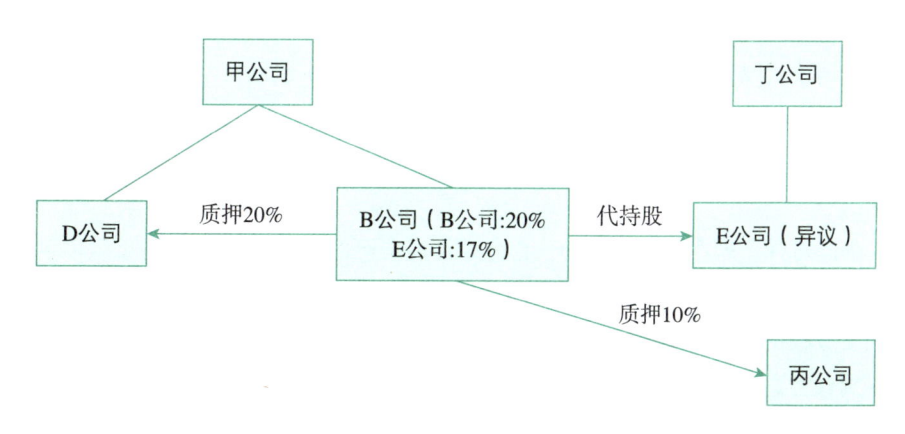

然后,我先讲清楚实体法的问题,不搞明白这个,就搞不清楚程序法的问题。B公司以其所持有的股份分别为D公司和丙公司设定了质权。B公司所持股份包括自持的20%股份和代持的17%股份。但这道题并没有说明设定质权是用自己的股份,还是代持的股份。因D公司了解代持股的情况,其并非善意第三人,所以,若B公司以自己的股份设定质权,且符合登记要件,则质权成立;若B公司以代持的股份设定质权,则此部分质权显属无效。根据《最高人民法院关于适用〈中华人民共和国公司法〉若干问题的规定(三)》第25条的规定,名义股东将登记于其名下的股权转让、质押或者以其他

方式处分，实际出资人以其对于股权享有实际权利为由，请求认定处分股权行为无效的，人民法院可以参照《民法典》第 311 条[1]的规定处理。名义股东处分股权造成实际出资人损失，实际出资人请求名义股东承担赔偿责任的，人民法院应予支持。B 公司为丙公司所设定的质权产生了类似无权处分的情况，但因丙公司不知情，按照商事外观主义的要求，质权的设定又产生了类似于民法上善意取得的法律效果。尽管质权有效，但此时，若 B 公司以代持股份为丙公司设定质权，作为股权实际权利人的 E 公司的合法权益还是会受到侵害。

在 D 公司要求实现对 B 公司的担保物权的情况下，因为题目描述的是"D 公司遂申请法院拍卖 B 公司质押的 20% 的股权"，所以，据此可以判定，D 公司选择的是一个依申请启动的非讼程序——实现担保物权程序，而并非选择了向法院起诉来实现担保物权。插一句题外话，如果题目中说明 D 公司向法院起诉要求实现对 B 公司的质权，则此时的 E 公司因拥有股权的所有权，据此产生独立请求权，可以依据《民事诉讼法》第 59 条第 1 款[2]的规定，以有独立请求权第三人的身份要求参加诉讼。但本题却并非如此。本题启动的是非讼程序，因此，E 公司并不能提出第三人参加之诉。那怎么办呢？《民诉解释》第 369 条规定："人民法院应当就主合同的效力、期限、履行情况，担保物权是否有效设立、担保财产的范围、被担保的债权范围、被担保的债权是否已届清偿期等担保物权实现的条件，以及是否损害他人合法权益等内容进行审查。被申请人或者利害关系人提出异议的，人民法院应当一并审查。"《民诉解释》第 372 条规定："适用特别程序作出的判决、裁定，当事人、利害关系人认为有错误的，可以向作出该判决、裁定的人民法院提出异议。人民法院经审查，异议成立或者部分成立的，作出新的判决、裁定撤销或者改变原判决、裁定；异议不成立的，裁定驳回。对人民法院作出的确认调解协议、准许实现担保物权的裁定，当事人有异议的，应当自收到裁定之日起 15 日内提出；利害关系人有异议的，自知道或者应当知道其民事权益受到侵害之日起 6 个月内提出。"

由此可知，若在审理过程中，E 公司知道自己的权利受到侵害，可以以利害关系人的身份向审理法院提出异议，异议的内容是担保物权不成立。在裁判作出后，E 公司认为拍卖股权的裁定是错误的，侵害自己的合法权益，可以在知道或者应当知道其民事权益受到侵害之日起 6 个月内向作出该判决、裁定的法院提出异议。但若案件进入执行程序，此时，E 公司可以按照《民事诉讼法》第 234 条[3]的规定，在执行程序终结前，

---

[1]《民法典》第 311 条规定，无处分权人将不动产或者动产转让给受让人的，所有权人有权追回；除法律另有规定外，符合下列情形的，受让人取得该不动产或者动产的所有权：①受让人受让该不动产或者动产时是善意；②以合理的价格转让；③转让的不动产或者动产依照法律规定应当登记的已经登记，不需要登记的已经交付给受让人。受让人依据前款规定取得不动产或者动产的所有权的，原所有权人有权向无处分权人请求损害赔偿。当事人善意取得其他物权的，参照适用前两款规定。

[2]《民事诉讼法》第 59 条第 1 款规定，对当事人双方的诉讼标的，第三人认为有独立请求权的，有权提起诉讼。

[3]《民事诉讼法》第 234 条规定，执行过程中，案外人对执行标的提出书面异议的，人民法院应当自收到

向执行法院提出书面异议,主张对执行标的拥有足以排斥执行的权利,并举证加以证明。

参考答案 若在审理过程中,E公司知道自己的权利受到侵害,可以以利害关系人的身份向审理法院提出异议,异议的内容是担保物权不成立;若在执行程序中,E公司可以按照《民事诉讼法》第234条的规定,在执行程序终结前,向执行法院提出书面异议,主张对执行标的拥有足以排斥执行的权利,并举证加以证明。

2. 若在丁公司对E公司股权的执行程序中,B公司、D公司、E公司和丙公司提出执行异议能否获得支持?为什么?

解题思路 这个题很难,因为这个题再一次涉及实体法和程序法的紧密衔接问题。要顺利解决这个题目,须明确各个主体的法律地位。本案中,丁公司为债权人,而E公司为债务人,B公司、D公司和丙公司为案外人。B公司在实体法上是案涉股权的显名股东,E公司为案涉股权的隐名股东。

书面异议之日起15日内审查,理由成立的,裁定中止对该标的的执行;理由不成立的,裁定驳回。案外人、当事人对裁定不服,认为原判决、裁定错误的,依照审判监督程序办理;与原判决、裁定无关的,可以自裁定送达之日起15日内向人民法院提起诉讼。

根据我国现行法律的相关规定，债务人仅仅能就执行行为的合法性问题提出执行异议，而对执行标的物的正当性，债务人不可以提出执行异议。也就是说，若本案在执行程序中，执行法院的执行行为违法，作为被执行人的E公司是可以提出执行异议的。但对于被执行的股权（执行标的），债务人无权提出异议。

题目中明确说明，丁公司要执行登记在B公司名下的股权，也就是17%的股权。而D公司享有的则是20%股权的质押。若B公司没有以代持的股权为D公司设定质权，执行17%的股权并不会影响D公司的权利实现，D公司和本案并无直接利害关系。因此，D公司无权提出案外人异议。但若B公司以代持股权为D公司设定了质权，此时，以此部分股权设定的质权并不成立，则D公司依然对执行标的并不享有权利，其提出的案外人异议亦无法成立。

至于丙公司，因其对B公司持有的股份享有合法的质权，而质权的性质为具有优先性的物权。因我国执行采"涂销主义"，简单说，就是一旦股权被执行，丙公司在股权上享有的质权也会随着执行而消灭。所以，若B公司是以代持股权为丙公司设定质权，因执行案涉股权，必然会侵害到丙公司的利益，则丙公司可以提出案外人异议；若B公司是以自有股权为丙公司设定质权，则丙公司的权益不会受到执行的影响，其提出的案外人异议当然不能成立。

最后是这个最令人闹心的B公司，其能不能提执行异议呢？既有判例里明确，若显名股东的债权人要执行其持有的股权，隐名股东是可以提出案外人异议的，这毫无疑问。但本题却是隐名股东的债权人要执行显名股东名下登记的股权。首先，要讨论是否允许显名股东提出执行异议。大家知道，显名股东和隐名股东之间存在代持股协议，但代持股协议不能对抗善意第三人。也就是说，商事外观主义也有明确的界限。

商事外观主义作为商法的基本原则之一，其实际上是一项在特定场合下权衡实际权利人与外部第三人之间利益冲突时所应遵循的法律选择适用准则，通常不能直接作为案件处理的依据。商事外观主义原则的目的在于降低成本、维护交易安全，但其适用也可能会损害实际权利人的利益。根据《最高人民法院关于适用〈中华人民共和国公司法〉若干问题的规定（三）》第25条的规定，股权善意取得制度的适用主体仅限于与名义股东存在股权交易的第三人。据此，商事外观主义原则的适用范围不包括非交易第三人。

民商事审判工作要树立正确的审判理念。注意辩证理解并准确把握契约自由、平等保护、诚实信用、公序良俗等民商事审判基本原则；注意树立请求权基础思维、逻辑和价值相一致思维、同案同判思维，通过检索类案、参考指导案例等方式统一裁判尺度，有效防止滥用自由裁量权；注意处理好民商事审判与行政监管的关系，通过穿透式审判思维，查明当事人的真实意思，探求真实法律关系；特别注意商事外观主义系民商法上的学理概括，并非现行法律规定的原则，现行法律只是规定了体现商事外观主义的具体规则，如《民法典》第311条规定的善意取得、第172条规定的表见代理、第504条规定的越权代表，审判实务中应当依据有关具体法律规则进行判断，类推适用亦应当以法律规则设定的情形、条件为基础。从现行法律规则来看，商事外观主义是为保护交易安全设置的例外规定，一般适用于因合理信赖权利外观或意思表示外观的交易行为。实际权利人与名义权利人的关系，应注重财产的实质归属，而不单纯地取决于公示外观。总之，审判实务中要准确把握商事外观主义的适用边界，避免泛化和滥用。

在本案中，丁公司并非B公司的交易对象，也并非善意第三人。所以，并不属于严格适用商事外观主义的主体范围。换言之，如果此时，丁公司要求执行登记在B公司名下的E公司的财产，B公司因财产登记在自己名下，法院基于商事外观主义认定异议成立，必然极大地损害丁公司的合法权益。因此，此时B公司如果提出异议，法院必须进行实质审查以判断执行标的的实质权利归属。若认定B公司提出的异议成立，应允许丁公司对B公司提起债权人异议之诉来确定执行标的的归属。

其次，还要考虑B公司提出的执行异议究竟是对执行标的的异议，还是对执行行为违法的异议。如果考虑到必须要判断这17%的股权究竟是何人所有才能判断法院是否执行了案外人的财产，并且必须通过实质的审查或者诉讼才能判定，那么，还是认为B公司提出的是针对执行标的的异议，并且在异议被认定成立后，还可以通过诉讼解决，就更加合理。

【参考答案】B公司提出的执行异议不能成立，因为其代持的股权实质上是属于E公司的财产；D公司提出的执行异议不能成立，因为D公司对执行标的不享有足以排斥执行的权利；E公司、丙公司提出的执行异议不能成立，其并非是提出执行异议的法定主体；但若B公司以代持股份为丙公司设定质权，则丙公司提出的执行异议可以成立。

（二）与民法的融合题

案情：

甲公司与乙公司之间签订借款合同，由乙公司借给甲公司800万元。在债权履行期届满前，甲、乙公司又达成了一个以物抵债的协议，约定到期如果不能履行债务，用甲公司的办公大楼抵债，甲公司将办公楼交付给乙公司使用。甲公司的债权人丙公司得知该情况后，向法院主张撤销该抵债合同，因为甲公司的办公楼价值1.2亿元。乙公司主张甲公司还有充足的财产可以偿债，故不应支持丙公司的诉讼请求。

甲公司将公司轮胎出卖给己公司。己公司支付了货款，但由于甲公司没有按期交付轮胎，己公司将其诉至法院。诉讼后甲公司交付了轮胎，但轮胎有严重质量问题，无法使用。于是己公司又起诉甲公司，要求解除轮胎买卖合同。

甲公司设立诸多全资子公司，统一调配资金给子公司，甲公司资金周转不足时，便无偿调用子公司的资金。现因甲公司无法清偿债务。债权人辛公司和庚公司申请甲公司及其全部子公司合并重整。

问题：

1. 债权人丙公司申请撤销甲、乙公司之间的协议时，当事人的地位应当如何列明？
2. 己公司的起诉是否构成重复起诉？
3. 如果甲公司及其全部子公司可以合并重整，重整程序开始后，已经发生的民事诉讼如何处理？

问答

1. 债权人丙公司申请撤销甲、乙公司之间的协议时，当事人的地位应当如何列明？

解题思路 债权人撤销权，是指债权人对于债务人所实施的危害债权的行为，可请求法院予以撤销的权利。《民法典》第538条规定，债务人以放弃其债权、放弃债权担保、无偿转让财产等方式无偿处分财产权益，或者恶意延长其到期债权的履行期限，影响债权人的债权实现的，债权人可以请求人民法院撤销债务人的行为。债权人撤销权也为债权的保全方式之一，是为防止因债务人的责任财产减少而致债权不能实现的结果出现。因债权人撤销权的行使是撤销债务人与第三人之间的行为，从而使债务人与第三人之间已成立的法律关系被破坏,当然地涉及第三人。因此,债权人撤销权也为债的关系对第三人效力的表现之一。债权人提起撤销权诉讼时只以债务人为被告,未将受益人或者受让人列为第三人的,人民法院可以追加该受益人或者受让人为第三人。因此债权人丙公司是原告,丙公司的债务人甲公司是被告,人民法院可以追加受让人乙公司为第三人。这样,这个问题就非常明确,不用赘述了。

[参考答案] 债权人丙公司起诉撤销甲、乙公司之间的协议时,以债权人丙公司为原告,以债务人甲公司为被告,法院可以追加受益人乙公司为无独立请求权第三人。

2. 己公司的起诉是否构成重复起诉?

[解题思路] 这道题非常诡异,因为这和我们平时考虑的情形完全不同。我看到这道题的时候呆了十几秒,然后才反应过来问题在于哪里。首先,我们还得依靠法律规定进行判断。《民诉解释》第 247 条规定,当事人就已经提起诉讼的事项在诉讼过程中或者裁判生效后再次起诉,同时符合下列条件的,构成重复起诉:①后诉与前诉的当事人相同;②后诉与前诉的诉讼标的相同;③后诉与前诉的诉讼请求相同,或者后诉的诉讼请求实质上否定前诉裁判结果。当事人重复起诉的,裁定不予受理;已经受理的,裁定驳回起诉,但法律、司法解释另有规定的除外。

己公司第一次将甲公司诉至法院,诉讼请求是给付轮胎。第二次起诉是认为轮胎有严重质量问题,无法使用,要求解除轮胎买卖合同。本题很容易判断前诉与后诉当事人相同，都是己公司诉甲公司；标的相同，都是同一个买卖合同。诉讼请求虽然不同，但一旦后诉请求成立，合同即被解除，合同解除后，前诉判决的结果即被否定。也就是说，合同被解除，甲公司自然不应该再负担给付轮胎的义务。因此，相当于三个条件都充分，才构成重复起诉。

唯一需要考虑的是，第一个案件结束后，甲公司交付的轮胎质量不合格，无法使用，是否属于裁判生效之后发生的新事实呢？如果属于新事实，则可以再次起诉。但本案中，给付轮胎不合格的事实并不会对原来的买卖合同产生影响，进而影响到对合同中双方当事人权利义务的评价，也就是说，是和原诉讼标的无关的事实，并非"新事实"。

参考答案 构成重复起诉。己公司起诉甲公司交付轮胎，胜诉后再次起诉解除合同，前诉与后诉当事人相同、标的相同，后诉的诉讼请求实质上否定前诉裁判结果，构成重复起诉。

3. 如果甲公司及其全部子公司可以合并重整，重整程序开始后，已经发生的民事诉讼如何处理？

解题思路 这个题目不难，因为法律有明确规定。《企业破产法》第20条规定："人民法院受理破产申请后，已经开始而尚未终结的有关债务人的民事诉讼或者仲裁应当中止；在管理人接管债务人的财产后，该诉讼或者仲裁继续进行。"人民法院受理破产申请后，已经开始而尚未终结的有关债务人的民事诉讼，在管理人接管债务人财产和诉讼事务后才能够继续进行,在判定相关当事人实体权利义务时,应当注意与《企业破产法》及其司法解释的规定相协调。

在上述裁判作出并生效前,债权人可以同时向管理人申报债权,但其作为债权尚未确定的债权人,原则上不得行使表决权,除非人民法院临时确定其债权额。上述裁判生效后,债权人应当根据裁判认定的债权数额在破产程序中依法统一受偿,其对债务人享有的债权利息应当按照《企业破产法》第46条第2款的规定停止计算。

需要注意的是,若人民法院受理破产申请后,债权人新提起要求债务人清偿的民事诉讼,人民法院不予受理,同时告知债权人应当向管理人申报债权。债权人申报债权后,对管理人编制的债权表记载有异议的,可以根据《企业破产法》第58条第3款的规定提起债权确认之诉。

【参考答案】如果甲公司及其全部子公司可以合并重整,重整程序开始后,已经发生的民事诉讼应当中止,在管理人接管债务人的财产后,该诉讼继续进行。

2018 年法考主观题回忆版

案情：
　　开发商甲公司与建设施工单位乙公司签订建设施工合同，乙公司借给甲公司几百万，约定该借款算作工程款，并签订了仲裁协议，约定将来发生纠纷由 A 仲裁委员会仲裁。甲公司将公章存放在乙公司处，约定乙公司使用甲公司的公章必须经过甲公司的同意。乙公司拿着公章伪造了一份甲公司与自己签订的仲裁协议，协议约定了 B 仲裁委员会作为纠纷解决主体。后来双方发生争议，乙公司去 B 仲裁委员会申请仲裁，仲裁委员会作出了裁决。甲公司在仲裁程序的庭审过程中提出了管辖权异议，但仲裁庭未予理会。

问题：
1. 仲裁裁决是否有效？
2. 如甲公司申请撤销仲裁裁决，应向哪个法院申请？
3. 甲、乙公司发生借贷纠纷，乙公司先前提起了返还本金之诉，后起诉要求返还利息，是否构成重复起诉？
4. 如乙公司一审起诉甲公司，要求解除合同，二审中乙公司能否变更诉讼请求？
5. 甲、乙公司之间有仲裁协议，现甲公司破产，法院已经受理破产申请，双方的纠纷是由法院管辖还是由仲裁委员会管辖？

点评：
　　从 2018 年得到的反馈信息看，新时代的法考体现出如下命题特点及发展趋势：
　　1. 传统的重点考点依然是考查的重中之重。2018 年的考题中，涉及仲裁裁决的效力、对仲裁协议效力的异议、撤销仲裁裁决的程序等考点，这些考点均是我们民事诉讼法讲授中的传统重点。新的法考命题依然以这些传统重点作为重要的命题基础，命题角度也中规中矩。这就提醒同学们，必须重视对传统重点的学习，失去了对这种重点扎实掌握的基本功，法考复习就成了无源之水、无本之木。
　　2. 重视抽象理论的现实运用。如第 3 问，其实考查的就是同学们对重复起诉禁止原则的把握。这个现实问题背后有非常复杂的理论背景，涉及残部请求的处理问题。但是，有趣的是，只要能充分理解掌握我在课上教大家的知识，你依然能够从容地分析、判断，从而得出正确的结论。只关注现行法中的制度、程序，几乎不关注抽象理论的命题时代一去不返了，必须适当理解掌握重要理论问题。

3. 学科交叉特色显著。这一点在第 5 问上体现得淋漓尽致。这一问的正确答案必须综合运用破产法和程序法的相关知识才能得出。因民事诉讼法是民事实体权利的救济法，必然与实体法规定水乳交融，二者有着千丝万缕的联系。而近几年，民事诉讼法学界最新、最热的研究领域正是实体法和程序法交叉学科的相关问题。要应对这一命题趋势，大家的学习就必须更加深入，必须在记忆的基础上充分理解立法背后的法理。当然，我们在授课中，也会强化这方面的训练。

> 问答

1. 仲裁裁决是否有效？

解题思路 本题考查的是仲裁裁决的效力。按照一裁终局原则，仲裁裁决作出就生效，且不能上诉或再审。当仲裁裁决存在法定事由时，可以向法院申请撤销或者不予执行仲裁裁决。撤销仲裁裁决和不予执行仲裁裁决的法定事由是一样的，包括无仲裁条款或仲裁协议，无权仲裁、超裁，违反法定程序、仲裁庭组成不合法，伪造证据或隐瞒足以影响公正裁决的证据，仲裁员贪污受贿、徇私舞弊、枉法裁判，仲裁裁决违背社会公共利益等事由。本题主要涉及的是两种事由：是否无权仲裁、是否存在有效的仲裁条款，这是处理此问题的第一个层次。

本题属于典型的建设工程施工合同纠纷，大家马上能想到本案属于专属管辖。但是，适用专属管辖的大前提是本案应该由法院管辖，即属于法院主管的范围。同时，建设工程施工合同纠纷属于典型的财产纠纷，属于可以仲裁的案件范围。如果双方当事人达成有效的仲裁协议，可以排斥法院的管辖。那我们就来讨论本案中双方当事人之间是否存在有效的仲裁协议。本案中，当事人的真实意思表示是，将来发生纠纷由 A 仲裁委员会仲裁，并没有约定由 B 仲裁委员会仲裁，而约定了 B 仲裁委员会作为纠纷解决主体的仲裁协议是当事人伪造的。因此，当事人之间并没有达成由 B 仲裁委员会仲裁的仲裁协议。

然后是第二个层次，仲裁协议无效，仲裁裁决是否也无效呢？大家应当注意到一个细节，"甲公司在仲裁程序的庭审过程中提出了管辖权异议，但仲裁庭未予理会"。而若当事人以仲裁协议无效为由提出异议，应在仲裁程序的首次开庭前提出。本案中，在开庭过程中当事人才提出异议，已经超过了提出异议的法定期间，裁决作出后，再以不存在有效的仲裁协议为由申请撤销或者不予执行仲裁裁决，法院是不支持的。

综上，仲裁裁决有效。

【参考答案】因本案中，仲裁协议系当事人伪造，故仲裁协议本属无效。但根据《民诉解释》第 216 条第 1 款的规定，当事人对仲裁协议效力提出异议，应在仲裁庭的首次开庭前。本案中，甲公司没有在首次开庭前向仲裁庭主张仲裁协议无效，其再向法院确认仲裁协议无效、申请撤销或者不予执行仲裁裁决的，法院不予支持。因此，仲裁裁决有效。

2. 如甲公司申请撤销仲裁裁决，应向哪个法院申请？

[解题思路] 这道题超级简单，出题老师出这种题目简直是佛祖慈悲，你再做不对就要蹲在旮旯自己忏悔。撤销仲裁裁决，是司法对仲裁委员会裁决的监督手段。申请撤销仲裁裁决应向仲裁委员会所在地的中级人民法院提出申请。

[参考答案] 根据《仲裁法》第58条第1款的规定，当事人提出证据证明裁决有法定情形之一的，可以向仲裁委员会所在地的中级人民法院申请撤销裁决。本案中，甲公司应该向B仲裁委员会所在地的中级人民法院提出申请。

3. 甲、乙公司发生借贷纠纷，乙公司先前提起了返还本金之诉，后起诉要求返还利息，是否构成重复起诉？

[解题思路] 此问题属于民诉法中比较重要的内容，即对于重复起诉的判断。在授课中，我做过详细讲解。根据《民诉解释》的相关规定就可以解答。在课上我讲过，重复起诉要当事人同一、标的同一、请求同一或后诉请求否认前诉结果。按照这个思路，乙公司对甲公司先提出返还本金之诉——诉讼请求是要求返还本金；再提返还利息之诉——诉讼请求是要求返还利息。前后诉当事人同一，都是乙公司起诉甲公司；前后诉诉讼标的同一，都是同一个债权债务关系产生的纠纷。但是，前后诉的诉讼请求不相同，且后诉请求即使成立，也不会与前诉裁判结果相悖。因此，可以据此判断，前后诉不构成重复起诉。

这可能是大家的理解。但是这个题是很麻烦的，它其实涉及非常复杂的问题，即残部请求的处理问题。这里我不想讲得太复杂，因为其背后是艰深的抽象理论。我只做简单描述：原则上，将一个可分债权拆分为若干个部分债权起诉，先起诉一部分，那么剩余部分被称为残部请求。对于残部请求，原则上是不得另行起诉的。民法上，利息之债具有附从性，其不能独立存在，必须以主债的存在为成立前提。但通说认为，主债与从债是两个债，这是史尚宽的《债法总论》中的观点。也即，先诉本金再诉利息并不满足"部分请求——通过再诉对同一债权的剩余部分提出请求"的基本概念。再按照请求权基础的路径分析，在本案的借款合同纠纷中，我们可以认为借款合同约定的本金条款和利息条款为请求权基础，也可以将《民法典》第667条的规定（借款合同是借款人向贷款人借款，到期返还借款并支付利息的合同）作为请求权基础。无论基于哪种解释语境，本金之债和利息之债的请求权基础都不相同，故先诉本金再诉利息具有合法性。主给付义务与从给付义务是一个债下的两个实体请求权，可以分别起诉；对于以本金和利息为代表的主从债的分别起诉，并不构成重复起诉。

参考答案 不构成重复起诉。《民诉解释》第247条规定："当事人就已经提起诉讼的事项在诉讼过程中或者裁判生效后再次起诉，同时符合下列条件的，构成重复起诉：①后诉与前诉的当事人相同；②后诉与前诉的诉讼标的相同；③后诉与前诉的诉讼请求相同，或者后诉的诉讼请求实质上否定前诉裁判结果。当事人重复起诉的，裁定不予受理；已经受理的，裁定驳回起诉，但法律、司法解释另有规定的除外。"本案中，前后诉的诉讼请求不相同，且后诉请求成立，也不会与前诉裁判结果相悖。因此，前后诉不构成重复起诉。

4. 如乙公司一审起诉甲公司，要求解除合同，二审中乙公司能否变更诉讼请求？

[解题思路] 本题考查的是变更诉讼请求的处理，在一审中，当事人在辩论终结前变更诉讼请求，法院可以合并审理，然后针对变更后的诉讼请求进行判决，当事人对判决不服的可以上诉。在二审中变更诉讼请求，对于变更后的诉讼请求，二审法院不能直接判决，否则，针对变更后的诉讼请求，法院将直接作出二审判决，当事人无法再上诉，剥夺了当事人的审级利益。正确的做法是，法院可以对乙公司在二审中变更后的诉讼请求进行调解，调解不成的，应告知乙公司另行起诉。双方当事人同意由第二审人民法院一并审理的，第二审人民法院可以一并裁判。

[参考答案] 二审中乙公司可以变更诉讼请求。根据《民诉解释》第326条的规定，在第二审程序中，原审原告增加独立的诉讼请求或者原审被告提出反诉的，第二审人民法院可以根据当事人自愿的原则就新增加的诉讼请求或者反诉进行调解；调解不成的，告知当事人另行起诉。双方当事人同意由第二审人民法院一并审理的，第二审人民法院可以一并裁判。因此，本题中，乙公司可以在二审中变更诉讼请求，法院可以对乙公司在二审中变更后的诉讼请求进行调解，调解不成的，应告知乙公司另行起诉。双方当事人同意由第二审人民法院一并审理的，第二审人民法院可以一并裁判。

5. 甲、乙公司之间有仲裁协议，现甲公司破产，法院已经受理破产申请，双方的纠纷是由法院管辖还是由仲裁委管辖？

[解题思路] 所谓公司清算，是指公司出现法定解散事由或者公司章程所规定的解散事由以

后，依法清理公司的债权债务的行为。公司清算是公司解散的必经程序，除因合并或分立而解散外，其余原因引起的公司解散，均须经过清算程序。法定的公司清算包括破产清算和非破产清算（普通清算）两种。破产清算由破产法调整，是在公司不能清偿到期债务的情况下，依照破产法的规定所进行的清算，由法院指定的破产管理人负责清算；普通清算由公司法调整，是在公司解散时，在财产足以偿还债务的情况下，依照公司法的规定所进行的清算，由公司成立清算组，由清算组负责人负责清算。在企业法人面临破产境地的时候，除了破产清算外，还有两条可能的进路：破产重整和破产和解。对于企业而言，这三种方式各有利弊，其要件和流程属于商经法讲授的重点内容，我也就不再赘述。我们只是就破产清算的流程做一下简单的回顾：根据《企业破产法》的有关规定，在企业法人不能清偿到期债务，并且资产不足以清偿全部债务或者明显缺乏清偿能力的情况下，债务人或债权人均可以向人民法院提出破产清算申请。人民法院应当自收到破产申请之日起15日内裁定是否受理。人民法院在裁定受理破产申请的同时，指定破产企业管理人。其后，确定债权人申报债权的期限，并按照法定程序召开债权人会议。法院宣告债务人破产后，管理人应当及时拟订破产财产变价和分配方案，提交债权人会议讨论。

只有熟悉了以上破产法的相关基础知识，才能进行我们下面的讨论。下面讨论的核心议题就是，债务人和债权人已经订立仲裁协议，作为债务人的企业法人进入破产清算程序后，还能不能以仲裁方式解决彼此的债权债务纠纷。按照规范研究的立场，我们首先应找到法律对此问题的规定，并以此为依据展开研究。《企业破产法》第21条规定，人民法院受理破产申请后，有关债务人的民事诉讼，只能向受理破产申请的人民法院提起。有人认为，这个法条说明企业法人进入破产程序后，所有有关债务人的纠纷，都应由法院处理。这样理解，就曲解了法条的本意。文义解释是法律解释的最基本方法。从文义上看，该法条只强调，在企业进入破产程序后，关于它债权债务纠纷的"诉讼"必须由受理破产申请的法院集中管辖，并没有排斥当事人选择进行仲裁的权利。法条之所以设置集中管辖的要求，是出于诉讼便利和提高效率的考虑，只有由受理破产申请的法院一并处理和破产相关的债权债务纠纷，才最容易查明案情，最能节省司法资源。经过剖析，大家就能发现，这个法条并非禁止破产程序启动后当事人选择仲裁解决纠纷。那有没有法条肯定可以仲裁的观点呢？《关于审理公司强制清算案件工作座谈会纪要》第31条规定："人民法院受理强制清算申请后，就强制清算公司的权利义务产生争议的，应当向受理强制清算申请的人民法院提起诉讼，并由清算组负责人代表清算中公司参加诉讼活动。受理强制清算申请的人民法院对此类案件，可以适用民事诉讼法第37条和第39条的规定确定审理法院。上述案件在受理法院内部各审判庭之间按照业务分工进行审理。人民法院受理强制清算申请后，就强制清算公司的权利义务产生争议，当事人双方就产生争议约定有明确有效的仲裁条款的，应当按照约定通过仲裁方式解决。"这个法条明确了若存在仲裁条款，即便法院受理了强制清算申请，也应按照仲裁方式解决债权债务纠纷。但是，大家要注意，该法条仅仅规定了强制清算程序。所谓强制清算，是指公司出现了以上解散原因无法自行清算，债权人或公司股东可申请人民法院指定清算组进行强制清算。无法自行清算的原因很多，例如，公司解散事由出现后逾期不成立清算组进行清算的；虽然成立清算组但故意拖延清算的；违法清算可能严重损害债权人或者股东利益的；等等。强制清算属于普通清算范畴，所以，该法条对于破产清算中的仲裁问题仍然语焉不详，那我们只能继续回到破产法中寻求答案。

可以分两种情况进行分析：

第一种情况，当事人之间订立了有效的仲裁协议，且已经申请启动了仲裁程序。此时，还要分阶段进一步讨论。若不但启动了仲裁程序，而且仲裁裁决已经作出。则相当于运用仲裁程序解决了双方当事人之间的权利争议，当事人持仲裁裁决作为权利申报的依据直接向受理破产申请的法院申报债权即可。因仲裁已经结束，完全不会影响诉讼进程，仲裁裁决可以作为证据提交。若法院受理破产申请后，仲裁程序已经启动，但尚未作出仲裁裁决，基于程序安定性原理，应允许仲裁程序继续进行，而不用终结程序，统一再通过诉讼解决债权债务纠纷。否则，已经进行的仲裁程序所耗费的资源都成了无用功。《企业破产法》第 20 条规定了此时的程序操作，即人民法院受理破产申请后，已经开始而尚未终结的有关债务人的民事诉讼或者仲裁应当中止；在管理人接管债务人的财产后，该诉讼或者仲裁继续进行。这是出于对破产管理人参加仲裁，维护债务人合法权益的考虑。

第二种情况是最为复杂的，即当事人签订了仲裁协议，法院又受理了破产申请。关于此问题，《企业破产法》第 47 条规定，附条件、附期限的债权和诉讼、仲裁未决的债权，债权人可以申报。其实，在这个法条中，已经承认了在破产程序中，允许单独通过仲裁解决纠纷。否则，就不可能出现申报权利的时候还有"仲裁未决"的债权了。不允许债权人单独通过仲裁程序解决纠纷的一个重要考虑就是，单独通过仲裁程序确定部分债权纠纷会极大地拖延诉讼周期。从我前面描述的破产程序看，仲裁裁决的作用主要是作为债权人申报债权的依据，法院据此指定分配方案。如果仲裁程序没有结束，债权人将无法依据仲裁裁决申报债权，法院就没办法及时确认该债权的数额。但是，总不能一直拖延诉讼程序等待仲裁裁决作出，所以，《企业破产法》第 119 条规定，破产财产分配时，对于诉讼或者仲裁未决的债权，管理人应当将其分配额提存。自破产程序终结之日起满 2 年仍不能受领分配的，人民法院应当将提存的分配额分配给其他债权人。这样，通过先就主张份额进行提存，将来再通过二次分配的方式解决债权申报的效率问题。

正是基于以上原因，2020 年 12 月 23 日修正的《最高人民法院关于适用〈中华人民共和国企业破产法〉若干问题的规定（三）》第 8 条规定，债务人、债权人对债权表记载的债权有异议的，应当说明理由和法律依据。经管理人解释或调整后，异议人仍然不服的，或者管理人不予解释或调整的，异议人应当在债权人会议核查结束后 15 日内向人民法院提起债权确认的诉讼。当事人之间在破产申请受理前订立有仲裁条款或仲裁协议的，应当向选定的仲裁机构申请确认债权债务关系。这是以规范文件的形式确认了破产申请受理后仲裁条款的效力问题。

所以，结论是在债务人被申请破产后，债务人和债权人签订有仲裁协议的，可以通过仲裁方式解决债权债务纠纷。法院应将相关债权人的分配额提存。

参考答案 根据《企业破产法》第47、119条以及《最高人民法院关于适用〈中华人民共和国企业破产法〉若干问题的规定（三）》第8条的规定，在债务人被申请破产后，债务人和债权人签订有仲裁协议的，可以通过仲裁方式解决债权债务纠纷。法院应将相关债权人的分配额提存。

2017年司考卷四第六题

案情：

2013年5月，居住在S市二河县的郝志强、迟丽华夫妻将二人共有的位于S市三江区的三层楼房出租给包童新居住，协议是以郝志强的名义签订的。2015年3月，住所地在S市四海区的温茂昌从该楼房底下路过，被三层掉下的窗户玻璃砸伤，花费医疗费8500元。

就温茂昌受伤赔偿问题，利害关系人的说法是：包童新承认当时自己开了窗户，但没想到玻璃会掉下，应属窗户质量问题，自己不应承担责任；郝志强认为窗户质量没有问题，如果不是包童新使用不当，窗户玻璃不会掉下；此外，温茂昌受伤是在该楼房院子内，作为路人的温茂昌不应未经楼房主人或使用权人同意擅自进入院子里，也有责任；温茂昌认为自己是为了躲避路上的车辆而走到该楼房旁边的，不知道这个区域已属个人私宅的范围。为此，温茂昌将郝志强和包童新诉至法院，要求他们赔偿医疗费用。

法院受理案件后，向被告郝志强、包童新送达了起诉状副本等文件。在起诉状、答辩状中，原告和被告都坚持协商过程中自己的理由。开庭审理5天前，法院送达人员将郝志强和包童新的传票都交给包童新，告知其将传票转交给郝志强。开庭时，温茂昌、包童新按时到庭，郝志强迟迟未到庭。法庭询问包童新是否将出庭传票交给了郝志强，包童新表示4天之前就交了。法院据此在郝志强没有出庭的情况下对案件进行审理并作出了判决，判决郝志强与包童新共同承担赔偿责任：郝志强赔偿4000元，包童新赔偿4500元，两人相互承担连带责任。

一审判决送达后，郝志强不服，在上诉期内提起上诉，认为一审审理程序存在瑕疵，要求二审法院将案件发回重审。包童新、温茂昌没有提起上诉。

问题：

1. 哪些（个）法院对本案享有管辖权？为什么？
2. 本案的当事人确定是否正确？为什么？
3. 本案涉及的相关案件事实应由谁承担证明责任？
4. 一审案件的审理在程序上有哪些瑕疵？二审法院对此应当如何处理？

问答

1. 哪些（个）法院对本案享有管辖权？为什么？

解题思路 对管辖权问题的分析，必须借助之前我讲过的地域管辖的确定思路。这道题目中涉及的诉讼为侵权诉讼，按照顺序逐步判断：首先，本题中不存在专属管辖，也不存在协议管辖。要注意，房屋租赁合同虽然为专属管辖，但是并不是争议的法律关系。那么，本题就应该按照侵权诉讼的特殊地域管辖来确定管辖法院。侵权案件应由侵权行为地和被告住所地法院来管辖。本案的侵权行为地为S市三江区，被告有两位，即郝志强和包童新，郝志强的住所地是在S市二河县，而包童新在S市三江区租住的房子已经连续居住了1年以上，因此S市三江区是包童新的经常居住地。综上，S市三江区法院和S市二河县法院对本案有管辖权。

参考答案 S市三江区法院和S市二河县法院对本案有管辖权。《民事诉讼法》第29条规定，因侵权行为提起的诉讼，由侵权行为地或者被告住所地人民法院管辖。S市三江区法院所在地为被告包童新住所地和侵权行为地，因此，S市三江区法院有管辖权；S市二河县法院所在地为被告郝志强住所地，因此，S市二河县法院有管辖权。

2. 本案的当事人确定是否正确？为什么？

解题思路 要确定本案的当事人，必须深入分析本案的法律关系：

```
郝志强 ——共有—— 迟丽华
      |
      租赁         侵权关系 ——→ 温茂昌
      |
      包童新
```

一般我们会持这样的思路：

郝志强、迟丽华为房屋的共同共有人，而包童新是该房屋的承租人，温茂昌为该房屋玻璃掉落砸伤的被侵权人。这样，法律关系就非常清楚。郝志强、迟丽华为房屋的所有人，包童新为房屋的使用人。温茂昌作为原告没有问题，他起诉被告郝志强和包童新，应同时追加该房屋的共有权人迟丽华作为共同被告。官方答案也就是这样得出的。但是，我认为这个答案不够精确，为什么这么说，我们必须以理服人。

我认为，本案不需要追加迟丽华作为共同被告。法条依据是《民法典》第178条："2人以上依法承担连带责任的，权利人有权请求部分或者全部连带责任人承担责任。连带责任人的责任份额根据各自责任大小确定；难以确定责任大小的，平均承担责任。实际承担责任超过自己责任份额的连带责任人，有权向其他连带责任人追偿。连带责任，由法律规定或者当事人约定。"这个法条就很清楚地表明了在共同侵权中，如果加害人承担连带责任，虽然多个加害人和受害人之间确实只有一个侵权关系，应认定为必要共同诉讼，但是这种必要共同诉讼和一般的必要共同诉讼并不一样。特殊之处在于哪里呢？在于可以请求"部分人或者全部人"承担责任。也就是说，如果原告仅仅起诉部分人，是允许的，法院应根据原告主张判定当事人，不能主动追加没有被起诉的另外一部分人。

从立法的宗旨来看，为什么要这样做呢？这样做显然突破了我们了解的必要共同诉讼的原理。这是因为，如果必须追加所有人进来，法院会判决每个人承担的责任份额。如果被追加的人没有偿还能力，反而对债权人（受害人）不利；如果不追加，而让债权人起诉的部分人承担了全部责任后，被起诉的部分人可以向没有被起诉的人追偿。这样对债权人的保护更有利。

所以，在理论上，我们国家将这种特殊的必要共同诉讼称为"类似的必要共同诉讼"，以区别于必须追加的必要共同诉讼。当然，也有学者认为这属于普通共同诉讼，那是学术争议的范围了。

就本案来看，郝志强和迟丽华是房屋共有人，其和包童新是否承担连带责任呢？根据《民法典》第1253条的规定，建筑物、构筑物或者其他设施及其搁置物、悬挂物发生脱落、坠落造成他人损害，所有人、管理人或者使用人不能证明自己没有过错的，应当承担侵权责任。所有人、管理人或者使用人赔偿后，有其他责任人的，有权向其他责任人追偿。既然可以彼此追偿，说明他们之间承担的属于连带责任。

综上，既然郝志强、迟丽华和包童新承担连带责任，受害人起诉的时候就可以全部起诉或者只起诉部分人。若他只起诉部分人，并不需要追加其他人。本案中，温茂昌只起诉了郝志强、包童新，就没必要追加迟丽华为共同被告。至于他们之间的追偿，是另外的问题。

你觉得有道理吗？

参考答案 本案一审当事人的确定完全正确：①温茂昌作为原告以及郝志强、包童新作为被告正确，没有追加迟丽华为共同被告的做法正确。温茂昌是受害人，与案件的处理结果有直接的利害关系，其作为原告，正确。迟丽华作为连带责任人，应依据原告的主张确定是否将其列为被告。②《民法典》第1253条规定，建筑物、构筑物或者其他设施及其搁置物、悬挂物发生脱落、坠落造成他人损害，所有人、管理人或者使用人不能证明自己没有过错的，应当承担侵权责任。所有人、管理人或者使用人赔偿后，有其他责任人的，有权向其他责任人追偿。郝志强为楼房所有人，包童新为楼房使用人，作为被告，正确。

3. 本案涉及的相关案件事实应由谁承担证明责任？

解题思路 涉及证明责任问题，解题思路也很清楚。首先找到待证事实，然后判断对于这些待证事实，是否有特殊的举证责任分配规则，如果没有，就按照"谁主张、谁举证"的方式分配证明责任即可。

本题中，双方当事人主张的事实包括：①包童新承认自己开窗，玻璃掉下属窗户质量问题。②郝志强否认窗户质量问题，主张损失发生是因为包童新使用不当。温茂昌受伤是在该楼房院子内，作为路人的温茂昌本身也有过错。③温茂昌主张自己被郝志强、迟丽华所有、包童新使用的房屋窗户玻璃砸伤，并花费一定医疗费，自己不知该区域为私人区域，自己进入区域并无过错。

本案属于建筑物脱落致人损害，归责原则为过错推定原则，所以存在证明责任的特殊分配规则，加害人的无过错应由加害人（被告）证明。其他侵权成立要件和免责事实均应为谁主张事实成立，谁负担证明责任。

包童新主张自己是正常开窗，窗户质量有问题，系证明自己没有过错。该事实应由包童新负担证明责任。这是此类侵权成立要件中唯一的特殊分配规则。

同理，郝志强认为窗户质量没问题，损失是包童新使用不当造成，也是证明自己没有过错。该事实也应由被告郝志强负担证明责任。

郝志强主张温茂昌擅自进入也存在过错，属于郝志强的免责事由，按照"谁主张谁举证"的分配原则，应由郝志强对这些免责事实负担证明责任。

温茂昌主张自己被郝志强、迟丽华所有、包童新使用的房屋窗户砸伤，这个事实属于违法行为事实；温茂昌主张自己花费一定医疗费，这个事实属于损害结果事实，这些事实都按照"谁主张谁举证"的分配原则，由温茂昌负担证明责任。

要注意，温茂昌是否有过错（擅自进入私人领域），是郝志强和温茂昌的争议事实，谁主张争议事实成立，谁负担证明责任。因此，应由主张温茂昌过错成立的郝志强负担证明责任。而一个事实只能由一方当事人负担证明责任。因此，温茂昌对此事实就不再负担证明责任。

参考答案

（1）郝志强为该楼房所有人的事实、包童新为该楼房使用人的事实、该楼房三层掉下的窗户玻璃砸伤温茂昌的事实、温茂昌受伤状况的事实、温茂昌治伤花费医疗费8500

元的事实等，由温茂昌承担证明责任；

（2）包童新认为窗户质量存在问题的事实，由包童新承担证明责任；

（3）包童新使用窗户不当的事实、温茂昌未经楼房的主人或使用权人的同意擅自进到楼房的院子里的事实，由郝志强承担证明责任。

4. 一审案件的审理在程序上有哪些瑕疵？二审法院对此应当如何处理？

[解题思路] 要做这样的题，必须先找到一审法院有哪些程序行为。这个非常明显，前面我们分析过，本案的被告应为郝志强、迟丽华和包童新，但温茂昌只起诉了郝志强、包童新，没必要追加迟丽华作为共同被告，因此，不能说法院遗漏了必要共同诉讼人。另外，我们非常清晰地看到，法院让包童新将传票转交给郝志强，不符合法定的送达方式要求（没有直接送达，也不符合转交送达的条件），并且在郝志强没有接到传票的情况下违法缺席判决。

违法缺席判决，正是严重违反法定程序的典型情况，二审法院显然应将案件发回重审。

[参考答案]

（1）一审案件的审理存在如下瑕疵：

一审法院通过包童新向郝志强送达开庭传票没有法律根据，属于违法行为；法院未依法向郝志强送达开庭传票，进而导致案件缺席判决，不符合作出缺席判决的条件，并严重限制了郝志强辩论权的行使。

（2）违法缺席判决、严重限制当事人辩论权的行使，都属于《民事诉讼法》中列举的程序上严重违法、案件应当发回重审的行为，因此，二审法院应当裁定发回重审。

2016年司考卷四第六题

案情：

陈某转让一辆中巴车给王某但未办过户。王某为了运营，与明星汽运公司签订合同，明确挂靠该公司，王某每月向该公司交纳500元，该公司为王某代交规费、代办各种运营手续、保险等。明星汽运公司依约代王某向鸿运保险公司支付了该车的交强险费用。

2015年5月，王某所雇司机华某驾驶该中巴车致行人李某受伤，交警大队认定中巴车一方负全责，并出具事故认定书。但华某认为该事故认定书有问题，提出虽然肇事车辆车速过快，但李某横穿马路、没有走人行横道，对事故发生也负有责任。因赔偿问题协商无果，李某将王某和其他相关利害关系人诉至F省N市J县法院，要求王某、相关利害关系人向其赔付治疗费、误工费、交通费、护理费等费用。被告王某委托N市甲律师事务所刘律师担任诉讼代理人。

案件审理中，王某提出其与明星汽运公司存在挂靠关系、明星汽运公司代王某向保险公司交纳了该车的交强险费用、交通事故发生时李某横穿马路没走人行横道等事实；李某陈述了自己受伤、治疗、误工、请他人护理等事实。诉讼中，各利害关系人对上述事实看法不一。李某为支持自己的主张，向法院提交了因误工被扣误工费、为就医而支付交通费、请他人护理而支付护理费的书面证据。但李某声称治疗的相关诊断书、处方、药费和治疗费的发票等不慎丢失，其向医院收集这些证据遭拒绝。李某向法院提出书面申请，请求法院调查收集该证据，J县法院拒绝。

在诉讼中，李某向J县法院主张自己共花治疗费36 650元，误工费、交通费、护理费共计12 000元。被告方仅认可治疗费用15 000元。J县法院对案件作出判决，在治疗费方面支持了15 000元。双方当事人都未上诉。

一审判决生效1个月后，李某聘请N市甲律师事务所张律师收集证据、代理本案的再审，并商定实行风险代理收费，约定按协议标的额的35%收取律师费。经律师说服，医院就李某治伤的相关诊断书、处方、药费和治疗费的支付情况出具了证明，李某据此向法院申请再审，法院受理了李某的再审申请并裁定再审。

再审中，李某提出增加赔付精神损失费的诉讼请求，并要求张律师一定坚持该意见，律师将其写入诉状。

问题:

1. 本案的被告是谁?简要说明理由。
2. 就本案相关事实,由谁承担证明责任?简要说明理由。
3. 交警大队出具的事故认定书是否当然就具有证明力?简要说明理由。
4. 李某可以向哪个(些)法院申请再审?其申请再审所依据的理由应当是什么?
5. 再审法院应当按照什么程序对案件进行再审?再审法院对李某增加的再审请求,应当如何处理?简要说明理由。
6. 根据律师执业规范评价甲律师事务所及律师的执业行为,并简要说明理由。

问答

1. 本案的被告是谁?简要说明理由。

解题思路 本题考查大家对于当事人制度的把握。一般做这种题目,方法仍然至关重要。我的方法是,先将案例中出现的所有人物的法律关系都整理、分析清楚,确定其实体法上的权利义务关系,再判断其诉讼法上的地位。

从技巧上,我一般借助法律关系图来辅助分析。对于本题,我画成下图:

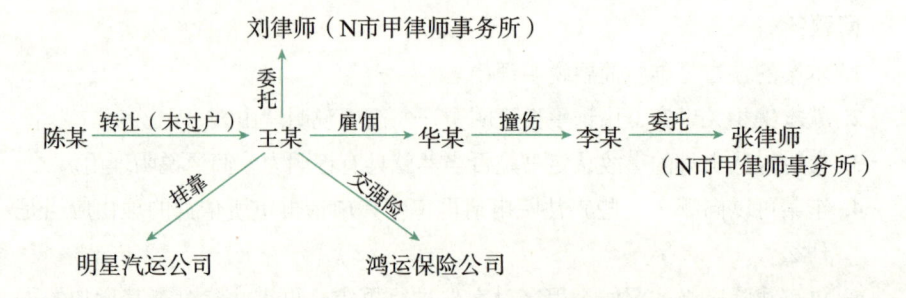

```
                    刘律师(N市甲律师事务所)
                            ↑
                            委
                            托
陈某 ——转让(未过户)→ 王某 ——雇佣→ 华某 ——撞伤→ 李某 ——委托→ 张律师
                        ↙      ↘                          (N市甲律师事务所)
                      挂靠      交强险
                      ↓          ↓
                  明星汽运公司   鸿运保险公司
```

本题中被侵权人只有李某,所以李某是唯一主张权利的人,在诉讼当中作为原告参加;李某被王某所雇司机华某撞伤,而王某和陈某之间是买卖合同关系,王某和明星汽运公司之间是挂靠关系,王某和鸿运保险公司之间是保险合同关系,华某和王某之间是雇主和雇员间的劳务合同关系。

那么,王某一定作为被告,其他四者呢?

首先,华某不可以作为被告。在厚大讲义《刘鹏飞讲民诉法·理论卷》(以下简称《理论卷》)核心考点13中,我们讲授过,提供劳务一方因劳务造成他人损害,受害人提起诉讼的,以接受劳务一方为被告。显然华某属于提供劳务的人,而王某才是接受劳务的人。

其次,《民法典》第1210条规定:"当事人之间已经以买卖或者其他方式转让并交付机动车但是未办理登记,发生交通事故造成损害,属于该机动车一方责任的,由受让人承担赔偿责任。"《民法典》第1213条规定:"机动车发生交通事故造成损害,属于该机动车一方责任的,先由承保机动车强制保险的保险人在强制保险责任限额范围内予以赔偿;不足部分,由承保机动车商业保险的保险人按照保险合同的约定予以赔偿;仍然不足或者没有投保机动车商业保险的,由侵权人赔偿。"转让机动车未办理过户手续的,出让人陈某对于侵权行为不承担责任,保险公司对侵权承担交强险范围内的赔偿责任,其余责任由受让人王某承担。由此,可以明确,鸿运保险公司一定和王某一起作为被告(保险公司要承担一部分赔偿责任),出让人陈某不能作为共同被告(陈某不承担赔偿责任)。这是因为,未登记不影响动产物权的变动,因此该机动车的所有权人已经为王某,机动车与陈某之间已经没有法律上的关系。最后,根据我们讲过的《理论卷》核心考点16中的内容,以挂靠形式从事民事活动,当事人请求由挂靠人和被挂靠人依法承担民事责任的,该挂靠人和被挂靠人为共同诉讼人。这也是《民诉解释》第54条的规定。也就是说被挂靠的明星汽运公司是否承担责任,要看当事人"如何请求"。王某与明星汽运公司之间存在挂靠关系,原告可以主张这种挂靠关系,也可以不主张这种挂靠关系。主张挂靠关系时,王某与明星汽运公司为共同被告;不主张挂靠关系时,明星汽运公司不能作为被告。

所以,华某和陈某一定不能作为被告,王某和鸿运保险公司一定作为共同被告,明星汽运公司能不能作为被告要看原告的主张。

参考答案 本案被告得以原告的主张来加以确定：

原告主张挂靠人和被挂靠单位共同承担责任的，王某、明星汽运公司、鸿运保险公司为共同被告。理由：明星汽运公司为王某从事中巴车运营的被挂靠单位。

原告不主张被挂靠单位承担责任的，王某、鸿运保险公司为共同被告。

2. 就本案相关事实，由谁承担证明责任？简要说明理由。

解题思路 按照我们在《理论卷》核心考点43当中所讲授的内容，除了立法有特殊规定的情况外，证明责任分配的一般规则是：谁主张有利于他的待证事实成立，谁就对该待证事实负担举证责任。

因此，在本题中，王某主张了三个事实：①其与明星汽运公司存在挂靠关系；②明星汽运公司代王某向鸿运保险公司交纳了该车的交强险费用；③交通事故发生时李某横穿马路没走人行横道。那么，王某应对这三个事实承担证明责任。

李某主张了自己受伤、治疗、误工、请他人护理等事实，所以李某对其主张成立的事实，应承担证明责任。

这问特别简单。

参考答案 王某与明星汽运公司之间存在挂靠关系的事实由王某承担证明责任；明星汽运公司依约代王某向鸿运保险公司交纳了该车的强制保险费用的事实由王某承担证明责

任；交通事故发生时李某横穿马路没走人行通道的事实，由王某承担证明责任；李某受伤状况、治疗状况、误工状况、请他人护理状况等事实，由李某承担证明责任。

  理由：诉讼中，在通常情况下，谁主张事实支持自己的权利主张，就由谁来承担自己所主张的事实的证明责任。本案上述事实，不存在特殊情形，因此由相对应的事实主张者承担证明责任。

3. 交警大队出具的事故认定书是否当然就具有证明力？简要说明理由。

[解题思路] 要确定交通事故认定书的证明力，首先应搞清楚交通事故认定书的性质。按照我在《理论卷》核心考点52中讲解的判断证据种类的思路，首先排除事故认定书作为勘验笔录和鉴定意见的可能，因为交通事故认定书既非鉴定人作出，也非勘验人员作出。其次，该认定书不具备高科技载体，排除电子数据和视听资料的可能。最后，交通事故认定书由交警作出，交警既不是本案的当事人，也不属于本案的证人（一般而言，事故发生后，交警才接到报警赶到现场，交警并非案件的目击者），所以，交通事故认定书非证人证言或者当事人陈述。交通事故认定书是用其内容证明案件事实，所以，属于书证，而非物证。

  另外，这个点可以拓展一下。一般而言，交通事故认定书和交通事故证明书不一样。交通事故认定书，除了记录案发的时间、地点、主体和现场情况外，更重要的是对案件的侵权责任分配作出了认定。当事人提交该证据主要是为了证明事故责任分配问题。所以，按照大陆法系的理论，将判定了民事责任分配的交通事故认定书作为一种第三方出具的书证使用，这种书证可以由相反的证据推翻。而交通事故证明书，则是在交警无法对事故责任直接作出判断的情况下，出具的对案发时间、地点、主体和现场情况的客观记录，这种证明书，应认定为警察作为目击证人出具的证人证言。

综上，以上两种交警制作的文书都仅仅是作为证据使用，它们的真实性、合法性、关联性必须经过质证，由法院综合判断、认证，并不具备当然的证明力，法院认定的案件事实和交通事故认定书不符的，以法院认定的事实为准。

[参考答案] 交警大队出具的事故认定书，不当然具有证明力。理由：在诉讼中，交警大队出具的事故认定书只是证据的一种，对于其所证明的事实与案件其他证据所证明的事实是否一致，以及法院是否确信该事故认定书所确认的事实，法院有权根据案件的综合情况予以判断，即该事故认定书的证明力由法院判断后确定。

4. **李某可以向哪个（些）法院申请再审？其申请再审所依据的理由应当是什么？**

[解题思路] 这是两问，先问再审的管辖，再问再审的事由。

按照我在《理论卷》核心考点98中讲解的内容，当事人一方人数众多或者当事人双方为公民的案件，既可以向上一级法院申请，也可以向原审法院申请；若不满足一方人数众多或者当事人双方为公民的案件，只能向上一级法院申请再审。《民事诉讼法》第206条规定："当事人对已经发生法律效力的判决、裁定，认为有错误的，可以向上一级人民法院申请再审；当事人一方人数众多或者当事人双方为公民的案件，也可以向原审人民法院申请再审。当事人申请再审的，不停止判决、裁定的执行。"本案中，双方当事人中有保险公司，并非均为公民，双方当事人任何一方也都达不到10人以上，所以只能向上一级法院申请再审。因为J县法院对案件作出判决，双方当事人都未上诉。本案的终审法院就是J县法院，其上一级法院为F省N市中级法院。

根据我在《理论卷》核心考点96中的讲述，当事人申请再审共有13项事由。《民事诉讼法》第207条规定，当事人的申请符合下列情形之一的，人民法院应当再审：①有新的证据，足以推翻原判决、裁定的；②原判决、裁定认定的基本事实缺乏证据证明的；③原判决、裁定认定事实的主要证据是伪造的；④原判决、裁定认定事实的主要证据未经质证的；⑤对审理案件需要的主要证据，当事人因客观原因不能自行收集，书面申请人民法院调查收集，人民法院未调查收集的；……题目中提到，"李某向法院提出书面申请，请求法院调查收集该证据，J县法院拒绝"，这就是当事人因客观原因不能自行收集，书面申请人民法院调查收集，人民法院未调查收集的，也就是我们总结口诀中的"应收未收集"。

题目中还提到，"经律师说服，医院就李某治伤的相关诊断书、处方、药费和治疗费的支付情况出具了证明，李某据此向法院申请再审"，这是13项事由中的"发现新证据"。

【参考答案】李某可以向F省N市中级法院申请再审。

理由：根据《民事诉讼法》第206条的规定，再审案件原则上向原审法院的上一级法院提出。本案不存在向原审法院申请再审的法定事由。再审的理由为：①对审理案件需要的主要证据，当事人因客观原因不能自行收集，书面申请人民法院调查收集，人民法院未调查收集；②有新的证据，足以推翻原判决。

5. 再审法院应当按照什么程序对案件进行再审？再审法院对李某增加的再审请求，应当如何处理？简要说明理由。

[解题思路] 本题是两问，先问再审的审理程序，后问对再审"增变反"的处理。第一问要使用《理论卷》核心考点98中的知识，本案属于基层法院一审终审。当事人向上一级法院申请再审，上一级法院只能提审。提审一律适用二审程序进行再审。

按照《理论卷》核心考点106中的讲解，在再审中"增变反"，属于在再审中提出了新的诉讼请求，而再审只是为了纠正旧的错误，对新的诉讼请求一律不予处理。《民诉解释》第403条第1款规定了再审审理范围："人民法院审理再审案件应当围绕再审请求进行。当事人的再审请求超出原审诉讼请求的，不予审理；符合另案诉讼条件的，告知当事人可以另行起诉。"李某提出增加赔付精神损失费的诉讼请求，在原审当中没有提出，是典型的再审中增加的新请求，因此，应不予受理，本来是应该告知当事人另诉的。另外，新法修改后，这道题非常特殊，因为精神损害赔偿请求可以和物质损害赔偿请求一并提出，如果物质损害赔偿提出后，单独提出精神损害赔偿请求，是被允许的（因为补偿的是不同利益）。所以，本案也属于可以另诉的案件，法院不应受理，但可以告知当事人另诉。

[参考答案] 再审法院应当按照第二审程序对案件进行再审。因为受理并裁定对案件进行再审的，是原审法院的上一级法院，应当适用第二审程序对案件进行再审。

再审法院对李某增加的要求被告支付精神损失费的再审请求不予受理，且该请求属于可以另行起诉的情形，再审法院可告知其另行起诉。

理由：当事人在侵权诉讼中没有提出赔偿精神损害的诉讼请求，诉讼终结后又基于同一侵权事实另行起诉请求赔偿精神损害的，人民法院可以受理。

6. 根据律师执业规范评价甲律师事务所及律师的执业行为，并简要说明理由。

[解题思路] 既然这道题考查律师执业规范，我们就应先将题目中和律师行为有关的内容摘录出来，这样做题，才能比较稳妥。本题中和律师有关的行为包括：

行为一：王某（被告）委托 N 市甲律师事务所刘律师担任诉讼代理人。

行为二：李某（原告）聘请 N 市甲律师事务所张律师收集证据、代理本案的再审，并商定实行风险代理收费，约定按协议标的额的 35% 收取律师费。

行为三：经律师说服，医院就李某治伤的相关诊断书、处方、药费和治疗费的支付情况出具了证明，李某据此向法院申请再审，法院受理了李某的再审申请并裁定再审。

行为四：再审中，李某提出增加赔付精神损失费的诉讼请求，并要求张律师一定坚持该意见，律师将其写入诉状。

然后，就可以开始分析，本题中，律师有的行为符合执业行为规范，有的违反了执业规范，所以要逐一分析：

首先，你就能发现原告和被告委托的是同一个律所的律师，这是不被允许的。两个律师在私下有联系，有损害当事人利益的可能。因此，《律师执业行为规范（试行）》第 51 条规定："有下列情形之一的，律师及律师事务所不得与当事人建立或维持委托关系：……⑦在委托关系终止后，同一律师事务所或同一律师在同一案件后续审理或者处理中又接受对方当事人委托的；……"

其次，甲律师事务所张律师实行风险代理收费，约定按协议标的额的 35% 收取律师费，这也违反了执业规范。虽然风险代理是被允许的，但根据《关于进一步规范律师收费的意见》的规定，风险代理收费按标的额的一定比例收费的，最高不得超过标的额的 18%。

最后，《律师执业行为规范（试行）》第 44 条规定："律师根据委托人提供的事实和证据，依据法律规定进行分析，向委托人提出分析性意见。"在上文中我们提到过，当事人要求提出精神损害赔偿的新请求，法院是不可能受理的。可是在本案中，李某提出增加赔付精神损失费的诉讼请求，并要求张律师一定坚持该意见，该律师竟然将其写入诉状，而未提供分析和建议，没有勤勉地履行当事人委托其进行诉讼代理的职责。

至于行为三，没有违反律师执业规范。

[参考答案]

（1）张律师可以适用风险代理约定风险代理收费，既可以按照固定的金额收费，也可以根据标的额的比例收费，但最高不得超过标的额的 18%；

（2）甲律所事务所张律师担任李某的申诉代理人，违反《律师执业行为规范（试行）》第 51 条第 7 项的规定；

（3）李某增加诉讼请求不符合有关规定（理由如前），张律师应指出未指出，有违"以事实为根据、以法律为准绳"的执业原则及勤勉尽责的要求。

2015年司考卷四第四题

案情：

杨之元开设古玩店，因收购藏品等所需巨额周转资金，即以号称"镇店之宝"的一块雕有观音图像的翡翠（以下简称"翡翠观音"）作为抵押物，向胜洋小额贷款公司（以下简称"胜洋公司"）贷款200万元，但翡翠观音仍然置于杨之元店里。后，古玩店经营不佳，进入亏损状态，无力如期偿还贷款。胜洋公司遂向法院起诉杨之元。

法院经过审理，确认抵押贷款合同有效，杨之元确实无力还贷，遂判决翡翠观音归胜洋公司所有，以抵偿200万元贷款及利息。判决生效后，杨之元未在期限内履行该判决。胜洋公司遂向法院申请强制执行。

在执行过程中，案外人商玉良向法院提出执行异议，声称该翡翠观音属于自己，杨之元无权抵押。并称：当初杨之元开设古玩店，需要有"镇店之宝"装点门面，经杨之元再三请求，商玉良才将自己的翡翠观音借其使用半年（杨之元为此还支付了6万元的借用费），并约定杨之元不得处分该翡翠观音，如造成损失，商玉良有权索赔。

法院经审查，认为商玉良提出的执行异议所提出的事实没有充分的证据，遂裁定驳回商玉良的异议。

问题：

1. 执行异议被裁定驳回后，商玉良是否可以提出执行异议之诉？为什么？
2. 如商玉良认为作为法院执行根据的判决有错，可以采取哪两种途径保护自己的合法权益？
3. 与第2问"两种途径"相关的两种民事诉讼制度（或程序）在适用程序上有何特点？
4. 商玉良可否同时采用上述两种制度（或程序）维护自己的权益？为什么？

问答

1. 执行异议被裁定驳回后，商玉良是否可以提出执行异议之诉？为什么？

解题思路 解答本题，方法和思路依然是最关键的。我们依然先来理清本案中的法律关系。

本案中，胜洋公司起诉杨之元，诉讼标的物为翡翠观音，胜洋公司获得胜诉判决"翡翠观音归胜洋公司所有"，判决中涉及了本案的争议标的物。在执行过程中，没有参加诉讼的案外人商玉良对标的物翡翠观音主张独立的请求权，希望中止对标的物的执行。

这样法律关系就非常清晰，本问问的是案外人商玉良的救济方法。

按照我讲的思路，应逐步确定主体、阶段和裁判三个要素。①从主体上看，本案中，商玉良主张的是对标的物的全部权利，而商玉良本身未参加诉讼，因此商玉良属于案外第三人；②从阶段上看，题目中交代，本案已经进入执行程序；③从裁判上看，本题中，若翡翠观音为商玉良所有，而法院将翡翠观音判决给了胜洋公司，判决本身是错误的。

因此，进入执行阶段，案外第三人对执行标的物主张权利，原判决有错误，案外第三人可以采用第三人撤销之诉或者"先异议，后再审"的方式救济自己的利益。

提出案外人异议之诉是针对原裁判没有错误的情况下中止执行的救济方法，在本题中无法适用。

参考答案 商玉良不可以提出执行异议之诉。因为，商玉良主张被抵押的翡翠观音属自己所有，即法院将翡翠观音用以抵偿杨之元的债务的判决是错误的，该执行异议与原判决有关，商玉良不能提起执行异议之诉。

2. 如商玉良认为作为法院执行根据的判决有错，可以采取哪两种途径保护自己的合法权益？

[解题思路] 本题与第1问考查的其实是相同的知识点，既然不能提出案外人异议之诉，当然就应通过第三人撤销之诉或者"先异议，后再审"的方式救济自己的利益。上问的精解中我已经作了详细解释，这里不再赘述。

[参考答案] ①根据《民事诉讼法》第59条第3款的规定，提起第三人撤销之诉；②根据《民事诉讼法》第234条的规定，以案外人身份申请再审。

3. 与第2问"两种途径"相关的两种民事诉讼制度（或程序）在适用程序上有何特点？

解题思路 这道题考查的就是两种救济方式的程序构造，这就要求大家能够将我讲授过的制度设计较为准确地复述出来。回答的内容要有层次感和准确性。

第三人撤销之诉应描述诉讼主体、撤销对象和程序要求（条件、时间、管辖等）。案外人申请再审要描述再审的程序要求和再审的审理方式。本题考查的知识点较为模糊和分散，参考答案也具有一定开放性，所以尽量全面作答，得分会更加稳妥。

要注意一个问题，就是案外人申请再审时，法院的处理方法。案外人之所以申请再审，就是因为案外人没有机会参加诉讼，致使原裁判出现错误。从法院角度看，犯的错误就是"漏人"。因此，法院再审时必须纠正原裁判"漏人"的这个错误。如何纠正呢？

若再审适用一审程序，则应将漏掉的第三人追加进入诉讼程序，一并审理；若再审适用二审程序，则应进行调解，调解不成的，应将全案发回重审。

参考答案

（1）第三人撤销之诉在适用上的特点

❶ 诉讼主体：有权提起第三人撤销之诉的须是当事人以外的第三人，该第三人应当具备诉的利益，即其民事权益受到了原案判决书的损害。商玉良是原告，杨之元和胜洋公司是被告。

❷ 诉讼客体：损害了第三人民事权益的发生法律效力的判决书。

❸ 提起诉讼的期限、条件与受理法院：期限为自知道或应当知道其民事权益受到损害之日起6个月内；条件为因不能归责于本人的事由未参加诉讼；发生法律效力的判决的全部或者部分内容错误、损害其民事权益；受诉法院为作出生效判决的人民法院。

（2）案外人申请再审程序的特点

❶ 适用一审程序进行再审的，得追加案外人为当事人；适用二审程序进行再审的，可以进行调解，调解不成的，应撤销原判决，发回重审，并在重审中追加案外人为当事人。

❷ 其他程序内容与通常的再审程序基本相同。

4. 商玉良可否同时采用上述两种制度（或程序）维护自己的权益？为什么？

[解题思路] 此问仍然围绕着第三人撤销之诉与案外人申请再审的制度展开。问的是两种救济制度的适用问题。这一问非常简单,我们明确说过为了防止浪费司法资源,案外第三人只能从两种制度当中二选一,而不能同时适用。

结合本题的案情,商玉良已经提出了案外人异议,并且法院驳回了商玉良的案外人异议,异议被驳回后,案外人只能向法院申请再审,而不允许再提出第三人撤销之诉。

第三人撤销之诉是可以搭配案外人异议适用的,但是,应先提出第三人撤销之诉,再提出案外人异议。如果先提出的是案外人异议,只能随后申请再审,这就是所谓的"先异议,后再审"的制度构造。

[参考答案] 商玉良不可以同时适用上述两种制度(或程序)。

根据《民诉解释》第 301 条的规定,第三人提起撤销之诉后,未中止生效判决、裁定、调解书执行的,执行法院对第三人依照《民事诉讼法》第 234 条规定提出的执行异议,应予审查。第三人不服驳回执行异议裁定,申请对原判决、裁定、调解书再审的,人民法院不予受理。案外人对人民法院驳回其执行异议裁定不服,认为原判决、裁定、调解书内容错误损害其合法权益的,应当根据《民事诉讼法》第 234 条的规定申请再审,提起第三人撤销之诉的,人民法院不予受理。

2014年司考卷四第六题

案情：

赵文、赵武、赵军系亲兄弟，其父赵祖斌于2013年1月去世，除了留有一个元代青花瓷盘外，没有其他遗产。该青花瓷盘在赵军手中，赵文、赵武要求将该瓷盘变卖，变卖款由兄弟三人平均分配。赵军不同意。2013年3月，赵文、赵武到某省甲县法院（赵军居住地和该瓷盘所在地）起诉赵军，要求分割父亲赵祖斌的遗产。经甲县法院调解，赵文、赵武与赵军达成调解协议：赵祖斌留下的青花瓷盘归赵军所有，赵军分别向赵文、赵武支付人民币20万元。该款项分2期支付：2013年6月各支付5万元、2013年9月各支付15万元。

但至2013年10月，赵军未向赵文、赵武支付上述款项。赵文、赵武于2013年10月向甲县法院申请强制执行。经法院调查，赵军可供执行的款项有其在银行的存款10万元，可供执行的其他财产折价为8万元，另外赵军手中还有一把名家制作的紫砂壶，市场价值大约5万元。赵军声称其父亲留下的那个元代青花瓷盘被卖了，所得款项50万元做生意亏掉了。法院全力调查也未发现赵军还有其他的款项和财产。法院将赵军的上述款项冻结，扣押了赵军可供执行的财产和赵军手中的那把紫砂壶。

2013年11月，赵文、赵武与赵军拟达成执行和解协议：2013年12月30日之前，赵军将其在银行的存款10万元支付给赵文，将可供执行财产折价8万元与价值5万元的紫砂壶交付给赵武。赵军欠赵文、赵武的剩余债务予以免除。

此时，出现了以下情况：①赵军的朋友李有福向甲县法院报告，声称赵军手中的那把紫砂壶是自己借给赵军的，紫砂壶的所有权是自己的。②赵祖斌的朋友张益友向甲县法院声称，赵祖斌留下的那个元代青花瓷盘是他让赵祖斌保存的，所有权是自己的。自己是在一周之前（2013年11月1日）才知道赵祖斌已经去世以及赵文、赵武与赵军进行诉讼的事。③赵军的同事钱进军向甲县法院声称，赵军欠其5万元。同时，钱进军还向法院出示了公证机构制作的债权文书执行证书，该债权文书所记载的钱进军对赵军享有的债权是5万元，债权到期日是2013年9月30日。

问题：

1. 在不考虑李有福、张益友、钱进军提出的问题的情况下，如果赵文、赵武与赵军达成了执行和解协议，将产生什么法律后果？（考生可以就和解协议履行的情况作出假设）
2. 根据案情，李有福如果要对本案中所提到的紫砂壶主张权利，在民事诉讼制度的框架下，其可以采取什么方式？采取相关方式时，应当符合什么条件？（考生可以就李有福采取的方式可能出现的后果作出假设）
3. 根据案情，张益友如果要对那个元代青花瓷盘所涉及的权益主张权利，在民事诉讼制度的框架下，其可以采取什么方式？采取该方式时，应当符合什么条件？
4. 根据案情，钱进军如果要对赵军主张5万元债权，在民事诉讼制度的框架下，其可以采取什么方式？为什么？

问答

1. 在不考虑李有福、张益友、钱进军提出的问题的情况下，如果赵文、赵武与赵军达成了执行和解协议，将产生什么法律后果？（考生可以就和解协议履行的情况作出假设）

[解题思路] 这道题问的是执行和解的法律效果，问题相对独立，不结合案情也可以作答。执行和解的法律效果我作过详细讲授：

（1）若达成和解协议会中断执行时效，债权人可以申请执行中止或者撤回执行申请；

（2）若暂缓执行期间届满，债务人拒绝履行，对方当事人可以申请恢复对原生效法律文书的执行，已履行部分应扣除；

（3）和解协议已经履行完毕的，人民法院不得恢复原生效法律文书的执行；

（4）申请执行人因受欺诈、胁迫与被执行人达成和解协议的，债权人可以申请恢复对原生效法律文书的执行。

然后将这些法律效果和本案的具体案情结合起来，就能回答得非常准确。

[参考答案] 如果赵文、赵武与赵军达成了执行和解协议，将产生的法律后果是：

（1）和解协议达成后，执行程序中止，若债权人撤回执行申请，执行程序终结。

（2）如果在执行和解履行期内赵军履行了和解协议，执行程序终结，调解书视为执行完毕。

（3）如果在执行期届满后，赵军没有履行执行和解协议，赵文、赵武可以申请恢复执行，执行将以调解书作为根据，执行和解协议失效；如果赵军履行了执行和解协议的一部分，执行时应当对该部分予以扣除。

（4）赵文、赵武也可以选择就和解协议提起诉讼，要求债务人赵军履行或者承担违约责任。

（5）若债务人瑕疵履行或者迟延履行，债权人可以就和解协议提起违约之诉。

（6）若和解协议无效或可撤销，债权人可以起诉，将和解协议确认无效或者撤销后，申请执行原执行根据。

拓展：

除非当事人在和解协议中声明不放弃申请再审权利，否则，和解协议履行完毕后又申请再审的，法院应裁定终结审查。

《民诉解释》第400条规定："再审申请审查期间，有下列情形之一的，裁定终结审查：……③当事人达成和解协议且已履行完毕的，但当事人在和解协议中声明不放弃申请再审权利的除外；……"据此，除非当事人在和解协议中声明不放弃申请再审权利，否则，当事人达成和解协议且已履行完毕后，又申请再审的，人民法院应当依据上述规定裁定终结审查。

需要注意的是，《民诉解释》第400条的但书条款，即如果当事人在和解协议中已明确表示不放弃申请再审权利，即使和解协议已经履行完毕，当事人仍有权申请再审。

2. 根据案情，李有福如果要对本案中所提到的紫砂壶主张权利，在民事诉讼制度的框架下，其可以采取什么方式？采取相关方式时，应当符合什么条件？（考生可以就李有福采取的方式可能出现的后果作出假设）

解题思路 本题依然是考查李有福这个没有参加诉讼的案外人的救济方式。我们依然从法律关系入手分析：

本题中赵文、赵武为共同原告，赵军为被告。案件中出现的李有福和张益友均未参加诉讼，定位为案外人。

本题中考查李有福的救济方式，还要按照老套路判断主体、阶段和裁判三个要素。①从主体上看，本案中，李有福主张的是对紫砂壶的全部权利（所有权），而李有福本身未参加诉讼，因此，李有福属于案外第三人；②从阶段上看，题目中交代，法院已经采取了扣押、冻结等执行措施，说明本案已经进入执行程序；③从裁判上看，本题中，法院调解书的内容是"赵祖斌留下的青花瓷盘归赵军所有，赵军分别向赵文、赵武支付人民币20万元"，并没有涉及紫砂壶，也就是法院的生效法律文书本身与紫砂壶无关，法院执行紫砂壶并不是因为法律文书本身的错误。

因此，进入执行阶段，案外第三人对执行标的物主张权利，生效文书没有错误判断该标的物的归属的，案外第三人可以以"先异议，后异议之诉"的方式救济自己的利益。

本题还考查了提出异议之诉的具体方式，大家应结合案外人异议之诉的当事人、管辖、时间限制等具体要素作答。包括案外人异议之诉应由执行法院管辖，应在异议被驳回15日内提出，应以案外人为原告、债权人为被告，债务人要视其态度确定其诉讼地位。

参考答案 李有福如果要对案中所提到的紫砂壶主张权利，在赵文、赵武与赵军的案件已经进入了执行阶段的情况下，在民事诉讼制度的框架下，其可以采取的方式是：

（1）提出对执行标的的异议。提出异议应当以书面的形式向甲县法院提出。

（2）如果法院裁定驳回了李有福的执行标的异议，李有福可以提出案外人异议之诉。提出案外人异议之诉应当符合的条件是：

❶起诉的时间应当在收到执行法院对执行标的异议作出的驳回裁定后 15 日内；

❷管辖法院为执行法院，即甲县法院；

❸李有福作为原告，赵文、赵武作为被告，如果赵军反对李有福的主张，赵军也作为共同被告。

3. 根据案情，张益友如果要对那个元代青花瓷盘所涉及的权益主张权利，在民事诉讼制度的框架下，其可以采取什么方式？采取该方式时，应当符合什么条件？

[解题思路] 这道题继续考查案外人的救济制度。仍按照前面的思路，判断主体、阶段和裁判三个要素。①从主体上看，本案中，张益友主张的是对青花瓷盘的全部权利（所有权），而张益友本身未参加诉讼，因此张益友属于案外第三人；②从阶段上看，题目中交代，法院已经采取了扣押、冻结等执行措施，说明本案已经进入执行程序；③从裁判上看，调解书的主文中明确"赵祖斌留下的青花瓷盘归赵军所有，赵军分别向赵文、赵武支付人民币 20 万元"，因青花瓷盘属于案外人张益友所有，本来就不应认定为赵军所有，所以生效的调解书本身是错误的。

结论是，进入执行阶段后，案外第三人对执行标的物主张权利，生效法律文书确有错误的，案外第三人有两种救济方式：提出第三人撤销之诉或者"先异议、后再审"。

但是，司法部给出的本题答案却只有提出第三人撤销之诉。能不能先提出案外人异议，异议被驳回后申请再审呢？从理论上讲应该是可以的。但是，这道题是2014年的题目，当时《民诉解释》尚未出台，关于"先异议，后再审"和第三人撤销之诉的关系不够明确，所以司法部给的答案具有一定的时效性。在以后的考试中，大家作答的时候应该认为两种方式可以二选一。有些解析认为案外人没有提出异议，不能直接申请再审，这种解释是没有道理的。这种救济方法是"先异议、后再审"，题目中没有说案外人提出了异议，但现在执行尚未结束，案外人此时提出异议依然符合法定条件，所有案外人都有权提出案外人异议，异议被驳回的，案外人有权申请再审。这种救济制度完全可以适用，答案没列出这种方式，只是由于当时《民诉解释》未出台而已。

另外，题目要求描述该救济方式的条件，需要大家对该制度的构造进行详细作答。

参考答案 张益友如果要对元代青花瓷盘所涉及的权益主张权利，在赵文、赵武与赵军的案件已经进入了执行阶段的情况下，在民事诉讼制度的框架下，其可以提出第三人撤销之诉。张益友提出第三人撤销之诉应当符合的条件是：

（1）张益友作为原告，赵文、赵武、赵军作为被告；

（2）向作出调解书的法院，即甲县法院提出诉讼；

（3）应当在2013年11月1日之后的6个月内提出。

4. 根据案情，钱进军如果要对赵军主张5万元债权，在民事诉讼制度的框架下，其可以采取什么方式？为什么？

[解题思路] 本题中，钱进军获得了生效的执行根据（已到清偿期的公证机构制作的债权文书执行证书），要求赵军履行债务实现其债权。而赵军的债权人还有赵文、赵武。按照题目中的信息，为了清偿赵文、赵武的债权，赵军已经将"可供执行的财产折价"，这就说明，赵军的财产仅仅能满足赵文、赵武的权利要求，现在其债权人又增加了一位，赵军的财产已经无法清偿所有债权人的债权。

而此时，三个债权人都取得了执行根据，债务人无法满足所有债权人的权利要求，债权人和债务人都是自然人，只能由法院指定分配方案，将债务人的财产按比例清偿给各个债权人，这个过程，就是大家学过的参与分配制度。

本题作答的关键就是要清晰地回答出参与分配的要件，然后描述本案案情符合了参与分配的法定条件，可以适用参与分配制度满足债权人的权利要求。

[参考答案] 钱进军如果要就其对赵军所享有的那5万元债权主张权利，在赵文、赵武与赵军的案件已经进入了执行阶段的情况下，在民事诉讼制度的框架下，其可以申请参与分配。因为其条件符合申请参与分配的条件。

按照《民事诉讼法》的规定，参与分配的条件包括：

（1）被执行人的财产无法清偿所有债权人的债权。本案中，赵军的财产不足以清偿其所有的债务。

（2）被执行人为公民或其他组织，而非法人。本案中，赵军为公民。

（3）有多个申请人对同一被申请人享有债权。本案中有三个申请人对赵军享有债权。

（4）申请人必须取得生效的执行根据。本案中，钱进军有经过公证的债权文书作为执行根据。

（5）参与分配的债权只限于金钱债权。本案中，钱进军对赵军享有的就是金钱债权。

（6）参与分配必须发生在执行程序开始后、被执行人的财产清偿完毕之前。本案情形与此相符。

2013年司考卷四第七题

案情：

孙某与钱某合伙经营一家五金店，后因经营理念不合，孙某唆使赵龙、赵虎兄弟寻衅将钱某打伤，钱某花费医疗费2万元、营养费3000元、交通费2000元。钱某委托李律师向甲县法院起诉赵家兄弟，要求其赔偿经济损失2.5万元，精神损失5000元，并提供了医院诊断书、处方、出租车票、发票、目击者周某的书面证言等证据。甲县法院适用简易程序审理本案。二被告没有提供证据，庭审中虽承认将钱某打伤，但对赔偿金额提出异议。甲县法院最终支持了钱某的所有主张。

二被告不服，向乙市中院提起上诉，并向该法院承认，二人是受孙某唆使。钱某要求追加孙某为共同被告，赔偿损失，并要求退伙析产。乙市中院经过审查，认定孙某是必须参加诉讼的当事人，遂通知孙某参加调解。后各方达成调解协议，钱某放弃精神损害赔偿，孙某即时向钱某支付赔偿金1.5万元，赵家兄弟在7日内向钱某支付赔偿金1万元，孙某和钱某同意继续合伙经营。乙市中院制作调解书送达各方后结案。

问题：

1. 请结合本案，简要概括钱某的起诉状或法院的一审判决书的结构和内容。（起诉状或一审判决书择一作答；二者均答时，评判排列在先者）
2. 如果乙市中院调解无效，应当如何处理？
3. 如果甲县法院重审本案，应当在程序上注意哪些特殊事项？
4. 近年来，随着社会转型的深入，社会管理领域面临许多挑战，通过人民调解、行政调解、司法调解和民事诉讼等多种渠道化解社会矛盾纠纷成为社会治理的必然选择；同时，司法改革以满足人民群众的司法需求为根本出发点，让有理有据的人打得赢官司，让公平正义通过司法渠道得到彰显。请结合本案和社会发展情况，试述调解和审判在转型时期的关系。

问答

1. 请结合本案，简要概括钱某的起诉状或法院的一审判决书的结构和内容。（起诉状

或一审判决书择一作答；二者均答时，评判排列在先者)

【解题思路】 这道题考查的是最基本的法律文书，要求考生描述起诉状和判决书的主要内容。法律文书的写作是考试大纲范围内的考点，但是这道题是民事诉讼法学科多年来唯一一道考查法律文书的题目。起诉状的内容和判决书的内容我们在《理论卷》中都详细地讲解过，而且这道题给予考生二选一的选择空间，可谓比较厚道。起诉状的结构较判决书更为简单，聪明的考生一般会选择起诉状来作答。另外，这道题只需要按照题目给出的信息简单描述内容就可以，并不要求考生在给出信息之外发挥，所以难度不大。

起诉状应包括当事人基本信息、诉讼请求、事实和理由、证据和证据来源等内容，同时要注意署名等基本格式要求（包括受诉法院、原告签名和起诉时间）。

判决书应包括当事人基本信息、案由、审理历程、案件事实（原告诉称事实、被告辩称事实和法院查明事实）、判决理由、判决主文、诉讼费负担、上诉权告知等内容。

要提醒大家的是，本案适用简易程序审理，所以判决书中的审判员只能有1人。

【参考答案】

民事起诉状

原告：钱某，男，×岁，×族，××年××月××日生，身份证号×××××，住××市×××号。

委托代理人：李某，××律师事务所律师。

被告：赵龙，男，×岁，×族，××年××月××日生，身份证号×××××，住××市×××号。

被告：赵虎，男，×岁，×族，××年××月××日生，身份证号×××××，住××市×××号。

诉讼请求

1. 请求法院依法判决被告赵龙和被告赵虎赔偿经济损失2.5万元、精神损失5000元。

2. 请求法院依法判令被告承担本案诉讼费用。

事实和理由

赵龙、赵虎兄弟二人于××年××月××日在×处寻衅将钱某打伤，钱某花费医疗费2万元、营养费3000元、交通费2000元，给原告生活、精神带来极大损害。故原告依据《民法典》的相关规定，依法向法院提起诉讼，请求法院保护原告合法权益。

此致
甲县人民法院

起诉人：钱某

××年××月××日

附：

1. 本状副本×份。

2. 医院诊断书、处方、出租车票、发票等书证共×份。

3. 证人周某的证言，证人住址：××市×××号。

甲县人民法院
民事判决书

原告：钱某，其他个人信息。

委托代理人：李某，××律师事务所律师。

被告：赵龙，其他个人信息。

被告：赵虎，其他个人信息。

原告钱某诉被告赵龙、赵虎损害赔偿纠纷一案，本院于××年××月××日立案受理后，依法适用简易程序，由审判员张某担任审判员独任审判，公开开庭审理了本案。原、被告及委托代理人均到庭参加了诉讼，本案现已审理终结。

原告诉称：赵龙、赵虎兄弟寻衅将钱某打伤，钱某花费医疗费2万元、营养费3000元、交通费2000元，给原告生活、精神带来极大损害，请求法院依法判决被告赵龙和被告赵虎赔偿经济损失2.5万元、精神损失5000元。

二被告辩称：二人虽然承认将钱某打伤，但对赔偿金额提出异议。

经审理查明：赵龙、赵虎兄弟寻衅将钱某打伤，该事实获得被告承认。钱某花费医疗费2万元、营养费3000元、交通费2000元，以上事实，有医院的诊断书、处方、出租车票、发票及证人周某的证言予以证明，本院予以采信。

本院认为：公民的权益应依法得到保护。而被告寻衅殴打原告，侵犯了原告的人身权利，依据《民法典》第×条的规定，判决如下：

被告赵龙和被告赵虎赔偿原告钱某经济损失2.5万元、精神损失5000元。

本案受理费××元，由被告赵龙承担××元，由被告赵虎承担××元。

如不服本判决，可在判决书送达之日起15日内，向本院递交上诉状，并按对方当事人的人数提出副本，上诉于乙市中级人民法院。

审判员　×××
××××年××月××日
（院印）
书记员　×××

本件与原本核对无异

2. 如果乙市中院调解无效，应当如何处理？

[解题思路] 本题考查的是二审发现"漏人"和二审"增变反"的处理。

孙某作为本案的必要共同诉讼人，法院应在一审的时候追加其参加诉讼。在二审中发现遗漏了孙某，法院不能直接将孙某追加进入二审程序，一并审判。这样孙某将无法上诉，其上诉权将被剥夺。正确的做法是法院应调解，调解不成的，发回重审。

钱某在一审中没有提出退伙析产的请求，二审中才提出此请求，属于二审中提出的新请求。对于二审中增加、变更的新请求，二审法院同样不能直接一并审判，这样会剥夺当事人就新请求的上诉权。正确的做法是法院应调解，调解不成的，告知当事人另行起诉。当事人放弃上诉权的，二审法院可以一并判决。

[参考答案]
（1）对于钱某要求追加孙某为共同被告并赔偿损失的请求，法院在调解无效后应发回甲县法院重审；但发回重审的裁定书不列应当追加的当事人孙某。

（2）对于钱某要求退伙析产的请求，法院在调解无效后应当告知其另行起诉。双方当事人同意由第二审人民法院一并审理的，第二审人民法院可以一并裁判。

3. 如果甲县法院重审本案，应当在程序上注意哪些特殊事项？

[解题思路] 这一问考查的是发回重审的相关程序规定。但是必须要结合案情来回答。从程序上看，发回重审不得适用简易程序，必须适用普通程序审理，审理的时候需要另行组成合议庭。发回重审是为了纠正原审的错误，原审的错误最典型的就是上题中提及的漏

人，因此，必须追加孙某作为共同被告。另外，大家可能看到题目中提及"二被告没有提供证据，庭审中承认将钱某打伤"，在作答时应尽量全面，既然题目给了此信息，我们就应该给出分析，一审中当事人的自认在二审中仍然有约束力，要推翻自认，必须符合法定条件。而在二审中，采用了调解的方式结案，二审调解过程中当事人承认的事实却不产生自认的法律效果。

我们这样分析，就对题目中所有有关程序事项的信息都作出了判断，这样能保证全面覆盖答案，准确不丢分。考生要学习这种穷尽题目信息的分析方式。

参考答案

（1）甲县法院应适用普通程序另行组成合议庭审理；

（2）应追加孙某作为共同被告参加诉讼；

（3）一审中当事人自认的事实在二审中仍然具有约束力。

4. 近年来，随着社会转型的深入，社会管理领域面临许多挑战，通过人民调解、行政调解、司法调解和民事诉讼等多种渠道化解社会矛盾纠纷成为社会治理的必然选择；同时，司法改革以满足人民群众的司法需求为根本出发点，让有理有据的人打得赢官司，让公平正义通过司法渠道得到彰显。请结合本案和社会发展情况，试述调解和审判在转型时期的关系。

解题思路 本题是民事诉讼法学科多年来唯一考过的一道小论述题，要求考生讨论调解和审判的关系。

谈两个概念的关系这种论述题，应从概念入手，理清相关概念的内涵和外延，然后讨论相关概念的区别，即各自的特点，再谈谈彼此的联系。这样思路清晰，内容完整。此题难度并不大。

结合本题来看，大家很容易给出审判和调解的定义，审判依靠国家强制力，而调解强调自愿合法原则。调解和审判在程序上有衔接机制，调解和审判都服务于纠纷解决。本题未给出标准答案，具有相当程度的开放性，只要言之成理，能够自圆其说，逻辑清晰，要点明确，就可以得到很理想的分数。

参考答案 调解和审判都是化解民事纠纷的方式。

调解，是指双方当事人在第三方的组织下，就民事纠纷进行协商，在互谅互让的基础上达成解决民事纠纷协议的行为。在类型上，包括人民调解、行政调解和司法调解。审判是由法院代表国家行使审判权解决民事争议，是以司法方式解决平等主体之间的纠纷。

调解和审判各具特点：审判具有强制性，强调的是法律的严格适用，审判会在事实清楚的基础上解决民事纠纷，但也可能会造成两方当事人情绪的对立。调解并不以法律的严格适用为目的，而是强调社会关系的恢复。但调解必须建立在当事人自愿的基础上，只要有一方不愿意，就无法通过调解化解民事纠纷，调解必须遵循合法原则，调解的结果不能违反法律的禁止性规定。

调解和审判需要相互配合，共同发挥化解民事纠纷的作用。一方面，审判机制的存在能够提高调解化解民事纠纷的效果。法院通过确认人民调解协议的效力，使人民调解协议具有了强制执行力。通过委托人民调解委员会调解，扩大人民调解组织参与民事纠纷化解的范围。另一方面，通过调解化解纠纷能够减轻法院的审案负担、缓解社会矛盾，因此近年来的一系列司法改革举措，如增加立案调解、扩大庭前调解的适用范围，结合判决前调解、二审调解和再审调解等，使调解机制在民事诉讼中的作用大幅提高。

2012年司考卷四第五题

案情：

居住在甲市A区的王某驾车以60公里时速在甲市B区行驶，突遇居住在甲市C区的刘某骑自行车横穿马路，王某紧急刹车，刘某在车前倒地受伤。刘某被送往甲市B区医院治疗，疗效一般，留有一定后遗症。之后，双方就王某是否开车撞倒刘某，以及相关赔偿事宜发生争执，无法达成协议。

刘某诉至法院，主张自己被王某开车撞伤，要求赔偿。刘某提交的证据包括：甲市B区交警大队的交通事故处理认定书（该认定书没有对刘某倒地受伤是否为王某开车所致作出认定）、医院的诊断书（复印件）、处方（复印件）、药费和住院费的发票等。王某提交了自己在事故现场用数码摄像机拍摄的车与刘某倒地后状态的视频资料。图像显示，刘某倒地位置与王某的车距离1米左右。王某以该证据证明其车没有撞倒刘某。

一审中，双方争执焦点为：刘某倒地受伤是否为王某驾车撞倒所致；刘某所留后遗症是否因医疗措施不当所致。

法院审理后，无法确定王某的车是否撞倒刘某。一审法院认为，王某的车是否撞倒刘某无法确定，但即使王某的车没有撞倒刘某，由于王某车型较大、车速较快、刹车突然、刹车声音刺耳等原因，足以使刘某受到惊吓而从自行车上摔倒受伤。因此，王某应当对刘某受伤承担相应责任。同时，刘某因违反交通规则，对其受伤也应当承担相应责任。据此，法院判决：王某对刘某的经济损失承担50%的赔偿责任。关于刘某受伤后留下后遗症问题，一审法院没有作出说明。

王某不服一审判决，提起上诉。二审法院审理后认为，综合各种证据，认定王某的车撞倒刘某，致其受伤。同时，二审法院认为，一审法院关于双方当事人就事故的经济责任分担符合法律原则和规定。故此，二审法院驳回王某上诉，维持原判。

问题：

1. 对刘某提起的损害赔偿诉讼，哪个（些）法院有管辖权？为什么？
2. 本案所列当事人提供的证据，属于法律规定中的哪种证据？属于理论上的哪类证据？

3. 根据民事诉讼法学（包括证据法学）相关原理，一审法院判决是否存在问题？为什么？
4. 根据《民事诉讼法》有关规定，二审法院判决是否存在问题？为什么？

问答

1. 对刘某提起的损害赔偿诉讼，哪个（些）法院有管辖权？为什么？

[解题思路] 这一问比较基础，考查管辖权。本题属于交通事故侵权诉讼，不存在专属管辖和协议管辖，所以应按照交通事故侵权的特殊地域管辖确定管辖法院。我曾给大家讲过一个口诀"事故到现场"，是说交通事故侵权，侵权行为地（事故发生地）和被告住所地都有管辖权。

[参考答案] 对本案享有管辖权的有甲市 A 区法院和甲市 B 区法院。本案属于侵权纠纷，侵权行为地与被告住所地法院都有管辖权；本案的侵权行为发生在甲市 B 区，被告王某居住在甲市 A 区。

2. 本案所列当事人提供的证据，属于法律规定中的哪种证据？属于理论上的哪类证据？

解题思路 这道题考查证据的法定种类和理论分类。那么思路就应该非常清晰，首先我们找到案件中存在的证据，然后分别按照法定种类和理论分类梳理一遍。

第一，找到题目中出现的证据：

刘某提交的证据包括：①甲市B区交警大队的交通事故处理认定书；②医院的诊断书（复印件）；③处方（复印件）；④药费和住院费的发票等。

王某提交的证据包括：⑤数码摄像机拍摄的车与刘某倒地后状态的视频资料。

第二，我们来按照法定种类分类：

证据的法定种类共有八种。

首先，考虑鉴定意见和勘验笔录。本题中的五种证据中没有鉴定人和勘验人制作的材料，所以不存在鉴定意见和勘验笔录。

其次，考虑电子数据和视听资料。证据⑤数码摄像机拍摄的车与刘某倒地后状态的视频资料系用电子设备形成的证据，属于电子数据。

再次，考虑证人证言和当事人陈述。本题中的五种证据中没有这两种证据类型。

最后，考虑书证和物证。本题中，证据①甲市B区交警大队的交通事故处理认定书、证据②医院的诊断书（复印件）、证据③处方（复印件）、证据④药费和住院费的发票都是用记载的内容来证明案件事实的，都属于典型的书证。

最麻烦的是第三轮讨论，要分别讨论以上证据属于本证还是反证，直接证据还是间接证据，原始证据还是传来证据。

所以，我们逐一进行分析：

证据①甲市 B 区交警大队的交通事故处理认定书，与案件事实同时产生，属于原始证据；其只能证明一部分案件事实，无法证明全部事实（无法证明因果关系），因此属于间接证据；事故认定书证明的事实是违法行为、损害结果存在，该事实由原告主张，由原告负证明责任，该证据由原告提供，所以属于本证。

证据②医院的诊断书（复印件）、证据③处方（复印件），由于系复印件，晚于案件事实产生，属于传来证据；其只能证明一部分案件事实（损害结果），无法证明全部事实，因此属于间接证据；诊断书证明的事实是损害结果事实，该事实由原告主张，由原告负证明责任，该证据由原告提供，所以属于本证。

证据④药费和住院费的发票与案件事实同时产生，属于原始证据；其只能证明一部分案件事实（损害结果），无法证明全部事实，因此属于间接证据；发票证明的事实是损害结果事实，该事实由原告主张，由原告负证明责任，该证据由原告提供，所以属于本证。

证据⑤数码摄像机拍摄的车与刘某倒地后状态的视频资料，与案件事实同时产生，属于原始证据；其只能证明一部分案件事实（不存在因果关系），无法证明全部事实，因此属于间接证据；视频资料证明的事实是争议的因果关系事实，该事实由原告主张，由原告负证明责任，该证据由被告提供，所以属于反证。

参考答案 根据《民事诉讼法》关于证据的分类：本案中，交通大队的事故认定书、医院的诊断书（复印件）、处方（复印件）、药费和住院费的发票都属于书证，王某在事故现场用数码摄像机拍摄的就他的车与刘某倒地之后的状态的视频资料属于电子数据（原来为视听资料，但《民诉解释》第 116 条已经有了新的规定）。根据理论上对证据的分类：上述证据都属于间接证据；甲市 B 区交通大队的交通事故处理认定书、药费和住院费的发票，王某自己在事故现场用数码摄像机拍摄的就他的车与刘某倒地之后的状态的视频资料属于原始证据，医院的诊断书（复印件）、处方（复印件）属于传来证据；就证明王某的车撞倒刘某并致其受伤的事实而言，刘某提供的各类证据均为本证，王某提供的证据为反证。

3. 根据民事诉讼法学（包括证据法学）相关原理，一审法院判决是否存在问题？为什么？

解题思路 这道题问的是一审法院判决是否存在问题，我们就要先将一审判决中法院的行为找出来，然后逐条分析。

法院的行为包括：①无法确定王某的车是否撞倒刘某，却认为王某吓倒刘某，王某应当对刘某受伤承担相应的责任；②关于刘某受伤后留下后遗症这一争议焦点，一审法院没有作出说明。

根据我们讲的原理，当事人主张自己被车撞倒，法院判决依据的事实是其被车吓倒，裁判超出了当事人主张的事实范围，违反了辩论原则。如果事实无法确定，事实真伪不明，只能依据证明责任进行判决。

对争议焦点没作说明，违反了庭审必须围绕争议焦点进行的基本原理。这个知识点是在《理论卷》低频考点77中讲解的。对争议焦点没有作出认定，属于法院认定事实不清的范畴。

参考答案 一审法院的判决存在如下问题：

（1）判决没有针对案件的争议焦点作出事实认定，违反了辩论原则；

（2）在案件争执的法律要件事实真伪不明的情况下，法院没有根据证明责任原理来作出判决；

（3）法院未对第二个争议焦点作出事实认定。

理由说明：

（1）本案当事人的争议焦点是刘某倒地受伤是否为王某驾车撞倒的；刘某受伤之后所留下的后遗症是否是因为对刘某采取的医疗措施不当。但法院判决中没有对这两个争议事实进行认定，而是把法院自己认为成立的事实——刘某因受到王某开车的惊吓而摔倒，作为判决的根据，而这一事实当事人并未主张，也没有经过双方当事人的辩论。因此，在这一问题上，法院的做法实际上是严重限制了当事人辩论权的行使。

（2）法院通过调取相关证据以及经过开庭审理，最后仍然无法确定王某的车是否撞倒了刘某。此时，当事人所争议的案件事实处于真伪不明的状态，在此情况下，法院应当根据证明责任分配来作出判决。

4. 根据《民事诉讼法》有关规定,二审法院判决是否存在问题?为什么?

[解题思路] 这道题考查二审法院判决存在的问题,我们就要先将二审判决中法院的行为找出来,然后逐条分析。

二审法院认定王某的车撞倒刘某致其受伤,一审法院关于双方当事人就事故的经济责任分担符合法律原则和规定。故此,二审法院驳回王某上诉,维持原判。

而按照上题的讨论,一审法院存在事实认定不清的问题,二审法院必须依法处理,不得维持原判。

[参考答案] 二审法院维持原判、驳回上诉是不符合《民事诉讼法》规定的。因为依据法律规定,只有在一审法院认定事实清楚、适用法律正确的情况下,二审法院才可以维持原判、驳回上诉。而本案中,二审法院的判决认定了王某开车撞到了刘某,该事实认定与一审法院对案件事实的认定有根本性的差别,这说明一审法院认定案件事实不清,在此情况下,二审法院应当裁定撤销原判决、发回重审或依法改判,而不应当维持原判。

2011 年司考卷四第五题

案情：
　　甲公司职工黎某因公司拖欠其工资，多次与公司法定代表人王某发生争吵，王某一怒之下打了黎某耳光。为报复王某，黎某找到江甲的儿子江乙（17岁），唆使江乙将王某办公室的电脑、投影仪等设备砸坏，承诺事成之后给其一台数码相机为报酬。事后，甲公司对王某办公室损坏的设备进行了清点登记和拍照，并委托、授权律师尚某全权处理本案。尚某找到江乙了解案情，江乙承认受黎某指使。甲公司起诉要求黎某赔偿损失，并要求黎某向王某赔礼道歉。诉讼中，黎某要求法院判决甲公司支付其劳动报酬。审理时，法院通知江乙参加诉讼。经审理，法院判决侵权人赔偿损失，但对甲公司要求黎某向王某赔礼道歉的请求、黎某要求甲公司支付劳动报酬的请求均未作处理。

问题：
1. 王某、江甲、江乙是否为本案当事人？各是什么诉讼地位？为什么？
2. 原告甲公司向法院提交了公司制作的王某办公室损坏设备登记表、对损坏设备拍摄的照片、律师尚某调查江乙的录音资料。上述材料能否作为本案证据？如果能，分别属于法律规定的何种证据？
3. 甲公司向法院提交的委托律师尚某代理诉讼的授权委托书上仅写明"全权代理"字样，尚某根据此授权可以行使哪些诉讼权利？为什么？
4. 一审法院对甲公司要求黎某向王某赔礼道歉的诉讼请求、黎某要求甲公司支付劳动报酬的诉讼请求依法应当如何处理？为什么？
5. 根据现行法律规定，黎某解决甲公司拖欠工资问题的途径有哪些？

问答

1. 王某、江甲、江乙是否为本案当事人？各是什么诉讼地位？为什么？

解题思路 本题考查两方面的知识。首先判断能不能做当事人，其次讨论如果能做当事人，属于何种地位，并阐述理由。要成为本案的当事人，必须当事人适格，这是一个基本的要求。即，必须和本案具有直接的法律上的利害关系。在本案中，王某虽然是公司法定代表人，但是其利益并未受到直接损害，受到损害的主体是公司，这点容易把握。难点在于江甲和江乙的关系。考生应该想到，江甲是江乙的监护人，没有尽到管理未成年人的义务，在未成年人致他人损害时，应与未成年人作为共同被告。

参考答案

（1）王某不是本案当事人，因为本案是以甲公司名义提起诉讼的。王某是甲公司的法定代表人，可以直接代表甲公司参加诉讼。

（2）江甲可以作为本案当事人，属于本案共同被告，因为江甲是江乙的监护人。根据《民诉解释》第67条的规定，无民事行为能力人、限制民事行为能力人造成他人损害的，无民事行为能力人、限制民事行为能力人和其监护人为共同被告。

（原答案：江甲不是本案当事人，因为他未参与本案毁坏财物的行为。江甲是江乙的法定诉讼代理人。）（这个答案因为法律的修改已经过时）

（3）江乙是本案当事人，因为江乙是致害人。江乙是本案共同被告之一。

2. 原告甲公司向法院提交了公司制作的王某办公室损坏设备登记表、对损坏设备拍摄的照片、律师尚某调查江乙的录音资料。上述材料能否作为本案证据？如果能，分别属于法律规定的何种证据？

解题思路 要作为证据使用，必须具备客观性、关联性和合法性。本案中，照片能反映损害情况，录音资料也与案情有联系，具备关联性，且没有明确信息表明其缺乏客观性和合法性，故能作为证据。照片这种证据，如果具备电子载体，则认定为电子数据；如果是其他形式（如纸质）的照片，则以其拍摄的内容来确定其证据形式。本案中没有明确说明照片的形式，所以两种情况都有可能。若本案中的照片不具备电子形式，且其内容拍摄的为实物（机器），则应认定为物证。把这个结论推广开来，若拍摄的是书证，而照片又不具备电子形式，则照片应认定为书证。录音资料也没有明确说明其形式，若具备电子形式，则为电子数据；若不具备电子形式，则认定为视听资料。但设备登记表这个文件比较特殊。我们可以从两个角度进行解释。一方面，设备登记表是登记机器的，但是证明损害结果的是机器本身，登记表本身是无法证明损害程度的，由此可以认定登记表与本案没有关联性。有没有登记表都无所谓，只要有受损的机器就可以证明损害的程度。换个角度，如果没有机器，仅仅有这个登记表，将对案件没有任何证明作用。这就与证据的属性相悖。不管有没有其他证据佐证，能作为证据使用的材料本身都应对案件有一定程度的证明作用，登记表显然不是如此。如果你觉得这样理解难度比较大，可以从另一方面理解。如果登记表是证据，则应认定为书证，是以其记载的内容来证明案件事实，书证应与案件事实同时产生，即案件事实发生的时候，书证就应该存在。但是，登记表显然是案件事实发生之后才制作，与书证的产生方式并不吻合。同学们要注意，如果事后对书证进行复印，复印件确实产生于案件事实发生之后，此时的复印件属于传来证据，可以作为证据使用，只是证明力比较低。但是本案中，登记表显然属于原件，并不是任何书证的复印件。所以，这份登记表既不是书证，也不是书证的复印件，不能作为证据使用。

参考答案

（1）损坏设备登记表不能作为本案证据；

(2) 照片可以作为本案证据，属于物证或者电子数据；

(3) 录音资料可以作为本案证据，属于视听资料或者电子数据。

3. 甲公司向法院提交的委托律师尚某代理诉讼的授权委托书上仅写明"全权代理"字样，尚某根据此授权可以行使哪些诉讼权利？为什么？

解题思路 这一问非常简单，你只需要知道"全权代理"属于一般授权，而一般授权的律师是不能"承和反上"的即可。这显然是一道送分题。

参考答案 尚某除不能进行和解、变更诉讼请求、承认对方诉讼请求、增加和放弃诉讼请求（包括撤诉）以及上诉之外，其他诉讼权利均可行使。因为甲公司对律师尚某的授权属于一般授权，尚某可以行使属于一般授权范围内的各项诉讼权利。

4. 一审法院对甲公司要求黎某向王某赔礼道歉的诉讼请求、黎某要求甲公司支付劳动报酬的诉讼请求依法应当如何处理？为什么？

解题思路 与前一问不同，这一问显然是一道送命题，这两个诉讼请求都很复杂。第一个诉讼请求很奇怪，大家看出来了吗？当事人是甲公司和江甲、江乙、黎某，但是，甲公司却要求黎某向王某赔礼道歉，是不是没有道理，甲公司显然没有这样的权利。甲公司没有诉的利益，即没有诉的必要，要求黎某向王某赔礼道歉的原告应该是王某，所以，甲公司作为原告提出这样的请求，属于当事人不适格。第二个诉讼请求更奇怪，大家看出来了吗？这是一个涉及劳动纠纷的请求，劳动纠纷应该先去劳动仲裁，法院对本案就没有主管的权利。最后，我提醒诸位，以上两个请求，均不符合起诉的条件，所以，法院应裁定驳回起诉，而并非判决驳回诉讼请求。

参考答案

（1）根据《民事诉讼法》第122条的规定，法院应当裁定驳回甲公司要求黎某向王某赔礼道歉的起诉，因为主体不适格；

（2）法院应当裁定驳回黎某要求甲公司支付劳动报酬的起诉，因为这属于劳动争议，当事人只有经过劳动仲裁后，才能向法院起诉。

5. 根据现行法律规定，黎某解决甲公司拖欠工资问题的途径有哪些？

[解题思路] 这个题比较基础，问的是解决纠纷的途径。解决这种题的套路是一样的，谨记解决纠纷的三种途径：①自力救济——协商、和解；②社会救济——让第三方解决，常见的有调解、仲裁；③公力救济——向法院起诉。然后再结合题目套用一下就可以了。

[参考答案] 黎某可通过以下途径解决劳动报酬问题：

（1）与甲公司协商解决；

（2）请工会或第三方与甲公司协商解决；

（3）向调解组织申请调解；

（4）向劳动争议仲裁委员会申请仲裁；

（5）如果不服劳动仲裁，且黎某要求给付的劳动报酬数额高于当地月最低工资标准12个月金额的，可以向法院起诉。

2010年司考卷四第五题

案情：

甲省A县大力公司与乙省B县铁成公司，在丙省C县签订煤炭买卖合同，由大力公司向铁成公司出售3000吨煤炭，交货地点为C县。双方约定，因合同所生纠纷，由A县法院或C县法院管辖。

合同履行中，为便于装船运输，铁成公司电话告知大力公司交货地点改为丁省D县，大力公司同意。大力公司经海运向铁成公司发运2000吨煤炭，存放于铁成公司在D县码头的货场。大力公司依约要求铁成公司支付已发煤款遭拒，遂决定暂停发运剩余1000吨煤炭。

在与铁成公司协商无果情况下，大力公司向D县法院提起诉讼，要求铁成公司支付货款并请求解除合同。审理中，铁成公司辩称并未收到2000吨煤炭，要求驳回原告诉讼请求。大力公司向法院提交了铁成公司员工季某（季某是铁成公司业务代表）向大力公司出具的收货确认书，但该确认书是季某以长远公司业务代表名义出具的。经查，长远公司并不存在，季某承认长远公司为其杜撰。据此，一审法院追加季某为被告。经审理，一审法院判决铁成公司向大力公司支付货款，季某对此承担连带责任。

铁成公司不服一审判决提起上诉，要求撤销一审判决中关于责令自己向大力公司支付货款的内容，大力公司、季某均未上诉。经审理，二审法院判决撤销一审判决，驳回原告要求被告支付货款并解除合同的诉讼请求。

二审判决送达后第10天，大力公司负责该业务的黎某在其手机中偶然发现，自己存有与季某关于2000吨煤炭验收、付款及剩余煤炭发运等事宜的谈话录音，明确记录了季某代表铁成公司负责此项煤炭买卖的有关情况，大力公司遂向法院申请再审，坚持要求铁成公司支付货款并解除合同的请求。

问题：

1. 本案哪个（些）法院有管辖权？为什么？
2. 一审法院在审理中存在什么错误？为什么？
3. 分析二审当事人的诉讼地位。
4. 二审法院的判决有何错误？为什么？

5. 大力公司可以向哪个（些）法院申请再审？
6. 法院对大力公司提出的再审请求如何处理？为什么？

问答

1. 本案哪个（些）法院有管辖权？为什么？

解题思路 根据《民事诉讼法》第35条的规定，合同或者其他财产权益纠纷的当事人可以书面协议选择被告住所地、合同履行地、合同签订地、原告住所地、标的物所在地等与争议有实际联系的地点的人民法院管辖，但不得违反《民事诉讼法》对级别管辖和专属管辖的规定。本案中，A县属于原告住所地，C县属于合同履行地，当事人协议由两个地方的法院管辖，因此，两地法院都有管辖权。值得说明的是，本案中，C县是约定履行地，但合同的实际履行地是在D县。当约定履行地和实际履行地不一致时，应以约定履行地作为合同履行地。另外，本案中，虽然当事人选择了两个法院作为协议管辖的法院，但是两个法院恰好和本案都有实际联系。注意，按照新《民事诉讼法》的规定，此协议管辖有效，两个法院都有管辖权，起诉时原告可以任选其一。这与旧法的规定不一样。

[参考答案] 根据《民事诉讼法》第35条的规定，本案A县法院或C县法院有管辖权。本案中，A县属于原告住所地，C县属于合同履行地。当事人协议由两个地方的法院管辖，因此，两地法院都有管辖权。（原答案：本案乙省B县和丁省D县法院有管辖权。因为大力公司和铁成公司约定的管辖法院不是明确、唯一的，所以本案应由被告住所地或合同履行地法院管辖。）（此答案因法律的修改已经变成错误答案）

2. 一审法院在审理中存在什么错误？为什么？

[解题思路] 本题中，季某实施的是职务行为，应当由铁成公司承担责任，不能追加季某为被告。大力公司在起诉时提出要求铁成公司支付货款并请求解除合同，但是法院只对支付货款作出了判决，对解除合同没有作出处理，属于"漏判"。所以，法院的做法是错误的。至于管辖问题，本题表达得不是很清楚。按照旧法，D县法院对本案是有管辖权的，但根据修改后的新法的规定，D县法院对本案是没有管辖权的，所以，如果D县法院发现自己没有管辖权，应主动移送管辖。但是，如果在答辩期内，被告没有提出管辖权异议，且应诉答辩，D县法院可以取得管辖权，就不能再行移送管辖。因为原题没有打算从这个角度考查，所以，你只需要看懂我的分析即可，这都是我自己加的戏。

[参考答案] 根据《民诉解释》第56条的规定，法人或者其他组织的工作人员执行工作任务造成他人损害的，该法人或者其他组织为当事人。一审法院追加季某为被告是错误的，因为本案并不是必要共同诉讼；一审法院遗漏当事人解除合同的请求是错误的，因为判决应针对当事人的请求作出。

3. 分析二审当事人的诉讼地位。

[解题思路] 根据《民诉解释》第317条的规定，必要共同诉讼人的一人或者部分人提起上诉的，按下列情形分别处理：①上诉仅对与对方当事人之间权利义务分担有意见，不涉及其他共同诉讼人利益的，对方当事人为被上诉人，未上诉的同一方当事人依原审诉讼地位列明；②上诉仅对共同诉讼人之间权利义务分担有意见，不涉及对方当事人利益的，未上诉的同一方当事人为被上诉人，对方当事人依原审诉讼地位列明；③上诉对双方当事人之间以及共同诉讼人之间权利义务承担有意见的，未提起上诉的其他当事人均为被上诉人。结合本案，铁成公司要求撤销一审判决中关于责令自己向大力公司支付货款的内容，显然是对对方当事人大力公司有意见，但是并不涉及季某，因此，对方当事人大力公司为被上诉人，没有上诉的同一方当事人季某依原审诉讼地位列明。

[参考答案] 二审中，铁成公司为上诉人，大力公司为被上诉人，季某依原审诉讼地位列明。

4. 二审法院的判决有何错误？为什么？

[解题思路] 本题考查的是二审中对于"漏判"的处理。根据《民诉解释》第324条的规定，对当事人在第一审程序中已经提出的诉讼请求，原审人民法院未作审理、判决的，第二审人民法院可以根据当事人自愿的原则进行调解；调解不成的，发回重审。结合本案来看，一审法院并未就"解除合同"的请求作出判决，二审法院不应直接判决解除合同，而是应该先调解，调解不成的，发回重审。

[参考答案] 二审法院不应直接判决解除合同。因为解除合同是一审法院遗漏的诉讼请求，二审法院应对该诉讼请求进行调解，调解不成的，发回重审。

5. 大力公司可以向哪个（些）法院申请再审？

[解题思路] 本题考查的是再审案件的管辖。根据《民事诉讼法》第206条的规定，当事人对已经发生法律效力的判决、裁定，认为有错误的，可以向上一级人民法院申请再审；当事人一方人数众多或者当事人双方为公民的案件，也可以向原审人民法院申请再审。当事人申请再审的，不停止判决、裁定的执行。在本案中，当事人既不符合人数众多也不符合均为公民的特征，因此，大力公司只能向作出生效裁判法院的上一级法院申请再审。丁省某市中院是本案二审法院，属于本案终审法院。

[参考答案] 根据《民事诉讼法》第206条的规定，大力公司可以向丁省高院申请再审。

6. 法院对大力公司提出的再审请求如何处理？为什么？

[解题思路] 本题问法较为开放，问的是对于再审请求是否应受理，并应如何裁判的问题。《民事诉讼法》第207条规定："当事人的申请符合下列情形之一的，人民法院应当再审：①有新的证据，足以推翻原判决、裁定的；……"根据《民诉解释》第386条第1款第1项的规定，再审申请人证明其提交的新的证据，在原审庭审结束前已经存在，因客观原因于庭审结束后才发现的，可以认定逾期提供证据的理由成立。本案中黎某提供的证据属于庭审结束前已经存在但是庭审结束后新发现的证据，属于新证据，所以，法院应对该案件启动再审程序。根据《民诉解释》第324条的规定，结合本题来看，二审法院没有调解就直接判决是错误的，违反了先调解后发回的程序，应裁定撤销一、二审判决，发回原审人民法院重审。

[参考答案] 再审法院应当认定其为新证据，进行再审。因为黎某提供的证据符合新证据的规定，当事人申请再审符合法定条件，法院应当依法再审。法院应当就解除合同的请求进行调解，调解不成的，应当撤销一、二审判决，发回原审法院重审。

2009年司考卷四第五题

案情：

甲市A县的刘某与乙市B区的何某签订了房屋买卖合同，购买何某位于丙市C区的一套房屋。合同约定，因合同履行发生的一切纠纷，应提交设立于甲市的M仲裁委员会进行仲裁。之后，刘某与何某又达成了一个补充协议，约定合同发生纠纷后也可以向乙市B区法院起诉。

刘某按约定先行支付了部分房款，何某却迟迟不按约定办理房屋交付手续，双方发生纠纷。刘某向M仲裁委员会申请仲裁，请求何某履行交房义务，M仲裁委员会受理了此案。在仲裁庭人员组成期间，刘某、何某各选择1名仲裁员，仲裁委员会主任直接指定了1名仲裁员任首席仲裁员组成合议庭。第一次仲裁开庭审理过程中，刘某对何某选择的仲裁员提出了回避申请。刘某申请理由成立，仲裁委员会主任直接另行指定1名仲裁员参加审理。第二次开庭审理，刘某请求仲裁程序重新进行，何某则对仲裁协议的效力提出异议，主张仲裁协议无效，请求驳回刘某的仲裁申请。

经审查，仲裁庭认为刘某申请仲裁程序重新进行、何某主张仲裁协议无效理由均不成立。仲裁庭继续进行审理并作出裁决：何某在30日内履行房屋交付义务。因何某在义务履行期间内拒不履行房屋交付义务，刘某向法院申请强制执行，何某则向法院申请撤销仲裁裁决。

问题：

1. 刘某、何某发生纠纷后依法应当通过什么方式解决纠纷？理由是什么？
2. 刘某提出的回避申请和重新进行仲裁程序的申请，何某提出的仲裁协议效力的异议，分别应由谁审查并作出决定或裁定？
3. 如何评价仲裁庭（委）在本案审理中的做法？理由是什么？
4. 刘某可以向哪个法院申请强制执行？何某可以向哪个法院申请撤销仲裁裁决？对于刘某、何某的申请，法院在程序上如何操作？理由是什么？
5. 如法院认为本案可以重新仲裁，应当如何处理？理由是什么？
6. 如法院撤销仲裁裁决，刘某、何某可以通过什么方式解决他们的纠纷？理由是什么？

问答

1. 刘某、何某发生纠纷后依法应当通过什么方式解决纠纷？理由是什么？

[解题思路] 本题是一道以仲裁程序为载体的题目。第一问依然是问纠纷解决方式，在2011年司考卷四第五题中我已经阐述过，纠纷解决方式可以从自力救济、社会救济和公力救济三个角度入手。但是本题涉及仲裁协议效力问题。当事人约定了又审又裁，仲裁协议本属无效，当事人不能通过仲裁解决纠纷。然后后续的材料又表明，对方当事人没有在首次开庭前提出异议，则视为仲裁委取得管辖权。因此，法院不能主管此案。可谓一波三折，此题目非常不错。

[参考答案] 根据本案情况，因为双方的仲裁协议无效，当事人本应当通过诉讼解决纠纷。但刘某向 M 仲裁委员会申请仲裁，何某未在仲裁庭首次开庭前提出异议，仲裁协议有效，当事人可通过仲裁解决纠纷。

2. 刘某提出的回避申请和重新进行仲裁程序的申请，何某提出的仲裁协议效力的异议，分别应由谁审查并作出决定或裁定？

[解题思路] 此题目是拼盘式的题目，包含三个不相关的小问题。可以分解为：仲裁中，回避申请由何主体审查？重新进行仲裁程序的申请由何主体审查？对仲裁协议效力异议由何主体审查？逐一分析：仲裁委员会主任的回避由集体决定，仲裁员的回避则是主任决定，这个简单。仲裁回避后，仲裁程序是否重新进行，应由主持程序进行的仲裁庭决定，因为仲裁委并不具体负责这个案件，所以不可能由仲裁委决定。最后，对于仲裁协议的效力，法院和仲裁委都能决定。要注意，法院对应的是仲裁委这个主体，而非仲裁庭。

[参考答案] 根据《仲裁法》第36、37条的规定，仲裁员的回避应当由仲裁委员会主任决定，是否重新进行仲裁程序由仲裁庭决定。根据《仲裁法》第20条的规定，仲裁协议的效力由仲裁委员会决定或法院裁定。

3. 如何评价仲裁庭（委）在本案审理中的做法？理由是什么？

解题思路 本题考查的主要是仲裁员的选任和仲裁程序的进行问题。

根据《仲裁法》第 31 条的规定，首席仲裁员是由双方当事人共同选定的，双方当事人无法合意选定时，才由双方当事人共同委托仲裁委员会的主任指定。而边裁则是由双方当事人各自选定。

根据《仲裁法》第 37 条的规定，仲裁员回避后，仲裁程序是重新进行还是继续进行，仲裁庭有最终决定权。

以上都是仲裁法中最基础的考点，识别本题中的程序错误并不难。

参考答案

（1）仲裁委员会直接指定首席仲裁员是错误的。因为只有双方当事人共同委托仲裁委员会主任或者在规定期间内没有选定首席仲裁员的情况下，仲裁委员会才能指定仲裁员。

（2）仲裁员回避后，仲裁委员会主任直接另行指定 1 名仲裁员是错误的。因为仲裁员回避后，仍应当由何某选任仲裁员，只有在何某委托仲裁委主任指定或者在规定期间内没有选定仲裁员的情况下，仲裁委员会主任才能直接指定。

（3）仲裁庭继续进行仲裁的做法是正确的。理由有二：①即使仲裁协议无效，当事人也只能在第一次开庭前提出，在此之后提出不影响仲裁庭的审理；②仲裁员回避后的程序进行问题由仲裁庭决定。

4. 刘某可以向哪个法院申请强制执行？何某可以向哪个法院申请撤销仲裁裁决？对于刘某、何某的申请，法院在程序上如何操作？理由是什么？

解题思路 这个题又是一个拼盘。因为是 10 多年前的题，大家对比近年的题目就能清晰地感觉到，以前的题比较细碎，主观题出的非常像客观题，知识点分散、面广，但并不难；而如今的考题，考查的点比较集中，但是深度、难度都有所加强。本题所涉的仲裁裁决的执行、监督问题，相关规范非常明确，我就不再赘述。

参考答案 因原来司法部给的参考答案与现在的考试要求脱节，所以本题的答案经过我的改良如下所示：

（1）刘某应当向乙市中级法院或丙市中级法院申请强制执行。因为根据《最高人民法院关于人民法院办理仲裁裁决执行案件若干问题的规定》第 2 条第 1 款的规定，当事人对仲裁机构作出的仲裁裁决或者仲裁调解书申请执行的，由被执行人住所地或者被执行的财产所在地的中级人民法院管辖。据此，对仲裁裁决的申请执行，由被执行人住所地或者财产所在地的中级法院管辖。

（2）何某应当向甲市中级法院申请撤销仲裁裁决。因为根据《仲裁法》第 58 条第 1 款第 3 项的规定，当事人提出证据证明仲裁庭的组成或者仲裁的程序违反法定程序的，可以向仲裁委员会所在地的中级人民法院申请撤销裁决。据此，仲裁裁决的撤销由仲裁委员会所在地的中级法院管辖。

（3）根据《仲裁法》第 64 条的规定，一方当事人申请执行裁决，另一方当事人申请撤销裁决的，受理执行的法院应当裁定中止执行。人民法院裁定撤销裁决的，应当裁定终结执行。撤销裁决的申请被裁定驳回的，人民法院应当裁定恢复执行。据此，甲市中级法院裁定撤销仲裁裁决的，受理执行的法院裁定终结执行；甲市中级法院裁定驳回何某撤销仲裁的申请的，受理执行的法院裁定恢复执行。

5. 如法院认为本案可以重新仲裁，应当如何处理？理由是什么？

解题思路 大家要很明确，重新仲裁制度只存在于撤销仲裁裁决的程序中。《最高人民法院关于适用〈中华人民共和国仲裁法〉若干问题的解释》第21条清晰地描述了重新仲裁的条件和程序操作：当事人申请撤销国内仲裁裁决的案件属于下列情形之一的，人民法院可以依照《仲裁法》第61条的规定通知仲裁庭在一定期限内重新仲裁：①仲裁裁决所根据的证据是伪造的；②对方当事人隐瞒了足以影响公正裁决的证据的。人民法院应当在通知中说明要求重新仲裁的具体理由。《仲裁法》第61条规定，人民法院受理撤销裁决的申请后，认为可以由仲裁庭重新仲裁的，通知仲裁庭在一定期限内重新仲裁，并裁定中止撤销程序。仲裁庭拒绝重新仲裁的，人民法院应当裁定恢复撤销程序。

参考答案 法院通知仲裁庭重新仲裁，且仲裁庭重新仲裁的，法院应裁定中止撤销程序；仲裁庭拒绝仲裁或仲裁庭未在指定的期间内开始仲裁的，法院应当裁定恢复撤销程序。

6. 如法院撤销仲裁裁决，刘某、何某可以通过什么方式解决他们的纠纷？理由是什么？

解题思路 这个问题问得很温柔，好像可以开放式回答，其实不然，答案是确定的，问的就是仲裁裁决被撤销后的法律效果。仲裁裁决被撤销后，裁决和仲裁协议都失效，当事人可以起诉，也可以重新达成仲裁协议再申请仲裁。

参考答案 仲裁裁决被撤销后，当事人可以向法院起诉解决，也可以重新达成仲裁协议申请仲裁。因为，一方面，仲裁裁决已经无效；另一方面，仲裁裁决被撤销后，原协议即已失效，只能重新达成协议方能申请仲裁。

附：

《仲裁法》

第58条 当事人提出证据证明裁决有下列情形之一的，可以向仲裁委员会所在地的中级人民法院申请撤销裁决：

（一）没有仲裁协议的；

（二）裁决的事项不属于仲裁协议的范围或者仲裁委员会无权仲裁的；

（三）仲裁庭的组成或者仲裁的程序违反法定程序的；

（四）裁决所根据的证据是伪造的；

（五）对方当事人隐瞒了足以影响公正裁决的证据的；

（六）仲裁员在仲裁该案时有索贿受贿，徇私舞弊，枉法裁决行为的。

人民法院经组成合议庭审查核实裁决有前款规定情形之一的，应当裁定撤销。

人民法院认定该裁决违背社会公共利益的，应当裁定撤销。

第59条 当事人申请撤销裁决的，应当自收到裁决书之日起6个月内提出。

第60条 人民法院应当在受理撤销裁决申请之日起2个月内作出撤销裁决或者驳回申请的裁定。

拓展：

如当事人非因自身原因未参加仲裁庭审，则可在撤销仲裁裁决案件中，通过申请司法鉴定认定载有仲裁条款的合同上的签字非本人所签，并以当事人之间不存在仲裁协议为由，申请撤销仲裁裁决，人民法院对于当事人的撤销仲裁裁决的申请应予支持。

大综案例 第三部分

案例一 严中天与孟国佳买卖合同纠纷

案情：

东海省奋进县的原告严中天与江南省日光市的被告孟国佳买卖合同纠纷一案，东海省奋进县人民法院于2015年12月22日立案。严中天诉称，2014年7月3日至10月4日，孟国佳从严中天处购买洁白牙膏，应付货款188 250.08元。扣除垫付等费用，孟国佳还应支付161 817.52元，但其拒不支付。故诉请人民法院判决如下：一、孟国佳立即支付货款161 817.52元；二、孟国佳承担本案诉讼费用。严中天主张该买卖合同一式两份，自己持有的原件丢失，手中只有一份复印件，另一份合同书原件在被告手中。据悉，孟国佳已经将合同书原件吃掉。

孟国佳提出管辖异议称，孟国佳一直在江南省日光市开办公司经商，经常居住地与住所地不一致，应由其经常居住地日光市的基层人民法院审理本案。

2016年2月1日，奋进县人民法院作出民事裁定，将本案移送江南省日光市清潭区人民法院审理。日光市清潭区人民法院认为东海省奋进县人民法院裁定移送错误。

最后，双方在法院调解下达成调解协议，内容如下：一、孟国佳立即支付货款161 817.52元，并由孟国佳支付逾期赔偿金3000元；二、孟国佳承担本案诉讼费用。后法院依据调解协议制作了调解书。

在调解书的执行过程中，发现孟国佳无任何财产可供执行。但孟国佳对李某有一笔到期的租金债权。严中天向法院申请执行孟国佳对李某的到期债权。李某对此提出异议。严中天又再次向法院起诉李某，要求李某向其清偿。

问题：（共25分）

1. 本案中，法院的行为是否违反了处分原则？（5分）

2. 严中天为证明合同权利义务关系，应如何提交证据？（5分）
3. 本案中，孟国佳的管辖权异议是否成立？（1分）请简要说明理由。（4分）
4. 日光市清潭区人民法院认为移送管辖错误，在程序上应如何处理？（5分）
5. 严中天起诉李某，法院是否应受理？（5分）

关键考点

文书提出命令　最佳证据规则　合同案件地域管辖　指定管辖　重复诉讼

> **参考答案**

1. 法院的行为并不违反处分原则。（1分）处分原则的含义是，法院的裁判要受到当事人选择的诉讼标的和诉讼请求的约束，法院不能超出当事人的诉讼请求的范围进行判决。（2分）但是在本案中，法院是通过调解结案，超出当事人的诉讼请求的范围达成调解协议，只要当事人是自愿的，且没有违反法律的禁止性规定，则调解协议有效。（2分）

2. 根据最佳证据规则，严中天应提交合同书这份书证的原件。（1分）但是，由于原件丢失，属于当事人提交原件确有困难的情况，所以，严中天可以只提供复印件作为传来证据使用。（2分）同时，严中天有证据证明合同原件在对方当事人手中，可以申请法院责令孟国佳提交该书证。孟国佳毁坏书证，拒绝提交，则推定书证证明的案件事实为真，法院可以对孟国佳罚款、拘留。（2分）

3. 孟国佳的管辖权异议不成立。（1分）根据《民事诉讼法》第24条的规定，因合同纠纷提起的诉讼，由被告住所地或者合同履行地人民法院管辖。本案属于买卖合同纠纷，并且单纯的争议货款给付部分，属于给付货币的合同争议。（2分）按照特殊地域管辖的规定，给付货币的合同以接收货币一方所在地作为合同履行地，而本案由合同履行地和被告住所地法院管辖。因此，严中天所在地属于接收货币一方所在地，东海省奋进县法院对本案具有管辖权。所以，管辖权异议不成立。（2分）

4. 因为接到移送管辖的法院不得进行自行移送，所以，应由清潭区人民法院报请日光市中级人民法院指定管辖。（2分）若日光市中院裁定清潭区人民法院有管辖权，则由清潭区人民法院继续审理；若日光市中院裁定清潭区人民法院没有管辖权，则清潭区人民法院可以移送管辖。（3分）

5. 因本案不构成重复诉讼，法院应受理。（2分）理由：从当事人角度看，代位权诉讼以次债务人为被告，而对债务人的诉讼则以债务人为被告，当事人不具有同一性；从诉讼标的及诉讼请求上看，代位权诉讼针对的是债务人与次债务人之间的债权债务，而对债务人的诉讼则针对的是债权人与债务人之间的债权债务，两者在标的范围、法律关系等方面亦不相同。因此，严中天起诉李某并不构成重复起诉。（3分）

注意： 一旦代位权诉讼胜诉，并获得执行，相当于债务人已经向债权人履行完毕，债权人就不能再申请执行原调解书。

案例二　守护家园环保组织环保公益诉讼

案情：

"守护家园环保组织"作为一家民间环保组织，其登记管理机关是北京市某区民政局，一直从事环境保护公益活动，至今已经近20年。东海省西虹市的动能公司下属热电厂持续向大气超标排放污染物，并向周围坡谷排放有毒污水，存在环保设施未经验收即投入生产、私自篡改监测数据等环境违法行为，造成附近山场的属于国家三级公益林中的2至3年生木荷、枫香等阔叶树容器苗1075株死亡，造成森林资源损失、生态环境破坏。2014年至2015年间，多个环境保护主管部门先后对动能公司进行了多次行政处罚，环境保护厅责成其停产整改、限期建成脱硫脱硝设施，环境保护部对该公司进行过通报、督查。守护家园环保组织诉请人民法院判令被告停止超标排污，消除所有不遵守环境保护法律法规行为对大气环境造成的危险；判令被告支付2014年1月1日起至被告停止侵害、消除危险期间所产生的大气环境治理费用，具体数额以专家意见或者鉴定结论为准；判令被告补植木荷、枫香等阔叶树容器苗等。在守护家园环保组织起诉后，受环境污染影响的居民也向法院提起民事诉讼。在诉讼中，原告守护家园环保组织发现该区域春季绿化造林工作即将结束，种植木荷、枫香等阔叶树的时间节点过后，不但难以购置树苗，亦难以补植成活。

问题：（共25分）

1. 本案起诉的原告是否符合法律规定？（5分）
2. 审理本案适用的程序有何要求？（5分）
3. 在本案中，证明责任应如何分配？（5分）
4. 如何处理守护家园环保组织和受环境污染影响的居民提起的民事诉讼之间的关系？（5分）
5. 针对附近山场中树木死亡和补植的问题，原告守护家园环保组织可以采用何种程序手段进行补救？（5分）

▼ 关键考点

公益诉讼　合议制　证明责任　免证事实

参考答案

1. 符合。根据《环境保护法》第58条第1款的规定，符合下列条件的社会组织可以向人民法院提起诉讼：①依法在设区的市级以上人民政府民政部门登记；②专门从事环境保护公益活动连续5年以上且无违法记录。《最高人民法院关于审理环境民事公益诉讼案件适用法律若干问题的解释》第3条规定，设区的市、自治州、盟、地区，不设区的地级市、直辖市的区以上人民政府民政部门，可以认定为《环境保护法》第58条规定的"设区的市级以上人民政府民政部门"。（2分）本案中的原告——守护家园环保组织在北京市某区民政局登记注册，且一直从事环境保护公益活动，符合环境污染侵权公益诉讼原告的要求。在本案中，不要求原告和本案存在直接利害关系。（3分）

2. 本案应向西虹市中级人民法院起诉。根据《人民陪审员法》第16条的规定，人民法院审判下列第一审案件，由人民陪审员和法官组成七人合议庭进行：……②根据民事诉讼法、行政诉讼法提起的公益诉讼案件；……（2分）本案属于对社会影响重大的公益诉讼，应由3名法官和4名陪审员组成合议庭，开庭审理。陪审员只参与事实问题的表决，不参与法律问题的表决，但是，可以就事实和法律问题发表意见。（3分）

3. 本案属于侵权诉讼。（1分）因此，应由原告对被告存在排污行为、排污行为造成了实际损害承担证明责任（2分）；应由被告对排污行为和损害结果之间不存在因果关系和案件存在免责事由的事实承担证明责任（2分）。

4. 在法定主体提起公益诉讼后，允许受害者提起侵权诉讼维护自己的合法权益。（2分）应先将侵权诉讼中止，等待公益诉讼审结。（2分）公益诉讼审结后，生效裁判文书中的事实若对受害者有利，则受害者可以向法院提交裁判文书，免于证明裁判文书中认定的事实。（1分）

5. 原告守护家园环保组织可以申请法院先予执行。（2分）因为，基于案涉补植树苗的季节性要求和修复生态环境的紧迫性，本案符合《民事诉讼法》第109条第3项规定的因情况紧急需要先予执行的情形，故公益诉讼起诉人可以向法院申请裁定先予执行。（3分）

案例三　卢关生与光成公司侵权纠纷

案情：

　　受雇于卢关生（车主）的张铁时驾车运货，途经一木桥时，桥断裂，连车带人掉入河中。张铁时摔伤后自费看病支付医疗费上万元。卢关生多次找到该桥所有人光成公司索赔，无果。卢关生将其诉至法院，要求其赔偿汽车修理费、停运损失费共计13.5万元。法院适用简易程序审理此案，指定了15日的举证期限，在此期间，卢关生向法院提供了汽车产权证、购车发票等证据。一审开庭时，卢关生又向法院提供了修车发票。庭审调查中，被告光成公司主张该证据已超过举证期限，而卢关生则解释说，迟延提出证据是因自己未能及时索取发票，出差到现在才得以索取发票。最后法官仍安排双方对该证据进行质证。经双方同意，法庭主持该案调解。在调解中，被告承认确有工作疏漏，未及时发布木桥弃用的公告；原告也承认，知道该木桥已弃用，但没想到会断裂。双方最终未能达成调解协议。法院依据双方在调解中陈述的事实和情况，认定被告承担主要责任，原告承担次要责任；并根据相关证据判决被告赔偿原告汽车修理费、停运损失费共计8万元。卢关生当即表示将提起上诉。后卢关生因病去世。卢关生之子小卢向法院提起上诉，同时提出相关证明材料，要求法院确认其当事人的诉讼地位，并顺延上诉期限。法院受理了小卢的上诉并同意顺延上诉期限。

　　二审法院作出判决：原审原告提供的汽车修理费的证据中数额不实，依据新的事实证据，依法改判被上诉人赔偿上诉人汽车修理费、停运损失费共计4.5万元。

问题：（共20分）

1. 如何评价一审法院法官仍安排双方对该证据进行质证的做法？（4分）
2. 如何评价法院在事实认定中的行为？（4分）
3. 小卢的上诉是否成立？为什么？（4分）
4. 请评价二审法院的判决，并说明理由。（4分）
5. 如张铁时就自己的医疗费索赔，可以向谁主张？为什么？（4分）

关键考点

举证时限　自认　上诉　二审当事人

参考答案

1. 一审法院法官仍安排双方对该证据进行质证的做法是正确的。（2分）本案中，当事人超过举证期限举证，并不是因为客观原因，但是，其迟延提出证据是因自己未能及时索取发票，出差到现在才得以索取发票，并非重大过错及故意。即便出于重大过错和故意，因该证据与案件基本事实有关，法院也应组织质证。采纳证据后，可以对当事人视情况处以训诫或者罚款的处罚措施。（2分）

2. 法院将当事人在调解中承认的事实作为认定当事人责任分担的证据是错误的。（2分）当事人为了达成调解协议而对相关事实的认可，不得在其后的诉讼中作为对其不利的证据。（2分）

3. 成立。（2分）因为卢关生去世后，将发生当事人的法定变更，其诉讼地位由其法定继承人承继；小卢作为卢关生之子，承继卢关生的诉讼地位符合法律规定，可以作为本案的上诉人；小卢申请顺延上诉期间符合法律规定。（2分）

4. 二审法院根据自己查明的情况，对被上诉人赔偿上诉人的汽车修理费、汽车停运损失费予以减少，不违反法律的规定。（2分）二审法院进行的审理既是事实审，也是法律审，在当事人的上诉请求范围内对于案件全面审理。二审中，认为一审认定事实错误的，应该依法改判。（2分）

5. 根据《民法典》第1192条第1款的规定，个人之间形成劳务关系，提供劳务一方因劳务造成他人损害的，由接受劳务一方承担侵权责任。提供劳务一方因劳务受到损害的，根据双方各自的过错承担相应的责任。若卢关生存在过错，张铁时可以根据其过错程度向其主张赔偿（2分）；也可以向光成公司主张，因光成公司构成对张铁时的侵权（2分）。

案例四　侯贵秦与王承祥民间借贷合同纠纷

案情：

2009年7月，侯贵秦因扩大经营需要向王承祥借款，在借款合同中约定将来发生纠纷由被告住所地法院管辖。并由李亮作为担保人提供担保，在担保协议中，约定将来因担保协议发生纠纷，由煌原仲裁委仲裁解决。后来，侯贵秦无力偿还借款。王承祥将侯贵秦和李亮诉至法院。此民间借贷纠纷案经江南省高级人民法院审理终结，判令侯贵秦向王承祥返还160余万元借款，由江南省煌原市中级人民法院执行。在履行期内，王承祥发现侯贵秦存在转移财产的行为。在执行过程中，因被执行人侯贵秦转移财产，导致执行困难重重。后法院在执行时发现2013年侯贵秦持有江南某建筑工程有限公司10%的股权，足以抵销侯贵秦所欠的160余万元的执行款，法院遂对该股权采取执行措施。在执行期间，侯贵秦向煌原市中级人民法院提出执行异议，提交《股份转让协议》，该协议表明，侯贵秦已经将股权转让给了牛某，并委托何某办理该公司的股东变更手续。

2016年1月，双方达成和解协议，侯贵秦保证2016年6月底清偿其欠王承祥的所有款项，并由于某以自家房屋为侯贵秦提供担保。法院作出暂缓执行1个月的裁定。但因被执行人侯贵秦未履行该和解协议，王承祥于2016年7月再次向法院请求实现权利。

问题：（共25分）

1. 在履行期内，王承祥可以如何有效保护自己的合法权益？（5分）
2. 牛某应如何保护自己的权益？（5分）
3. 王承祥和侯贵秦执行和解的要件和效力如何？（5分）
4. 侯贵秦拒绝履行和解协议后，王承祥可以如何向侯贵秦寻求救济？（5分）
5. 李亮在首次开庭前主张自己和债权人之间存在仲裁协议，法院认为应按照主合同确定管辖，是否合理？（5分）

▷ 关键考点

执行前保全　案外人异议　执行和解　执行担保

参考答案

1. 在履行期内，原告王承祥无法申请法院强制执行。（2分）若侯贵秦存在转移财产等紧急情况时，可以由债权人王承祥向具有执行权的法院申请采取执行前保全措施（2分），履行期届满后5日内，债权人王承祥应及时向执行法院申请强制执行（1分）。

2. 牛某可以向法院提出案外人异议，法院对案外人异议进行实质审查。（2分）若法院驳回了牛某的案外人异议，牛某可以以王承祥为被告，向执行法院起诉，请求法院中止执行或确认执行标的物的权利归属。（3分）

3. 王承祥和侯贵秦在执行中可以以书面形式达成和解协议，并将书面协议提交给法院；也可以达成口头协议，并计入执行笔录。（2分）执行和解协议达成后，执行时效中断计算，当事人可以申请中止执行程序，或者撤回执行申请。（3分）

4. 暂缓执行期满后，侯贵秦拒绝履行债务，在担保期内，王承祥可以申请恢复原执行根据的执行，可以直接执行侯贵秦或担保人于某的担保财产（3分）；可以依据和解协议起诉，要求侯贵秦承担违约责任或者继续履行和解协议（2分）。

5. 不合理。（2分）本案中，借款主合同约定了协议管辖，借款担保合同约定仲裁条款，担保合同的缔约方与主合同不完全一致。对于签订主合同且未签订担保合同的缔约方适用法院管辖，对于签订借款担保合同的缔约方应适用仲裁管辖。（3分）

案例五 彭洛与窦淑华房屋租赁合同纠纷

案情：

家住某市甲区的彭洛（甲方）与家住乙区的窦淑华（乙方）签订房屋租赁合同，窦淑华将位于丙区的一处500平方米的二层楼（该房屋产权证登记该房屋在丁区）租给彭洛经营饭馆。合同中除约定了有关租赁事项外，还约定："甲方租赁过程中如决定购买该房，按每平方米2000元的价格购买，具体事项另行协商。"彭洛的饭馆开张后生意兴隆，遂决定将租赁的房屋买下长期经营。但因房价上涨，窦淑华不同意出卖。彭洛将房价款100万元办理提存公证，窦淑华仍不同意出卖。后窦淑华以每平方米2500元的价格与杏林公司签订了房屋买卖合同，合同中约定了仲裁条款。彭洛为阻止窦淑华与杏林公司成交，向丙区人民法院提起诉讼，要求认定租赁合同中的买卖条款有效并判令窦淑华履行协助办理房屋过户手续的义务。

法院受理后，窦淑华在答辩期内进行答辩，后又提出管辖权异议，法院审查后作出驳回管辖权异议的裁定。在一审过程中，窦淑华主张彭洛提交的房屋租赁合同上的签字并非自己所签，系彭洛伪造，其真实性应通过鉴定确定。法院委托鉴定人作出鉴定意见后，窦淑华认为鉴定人的鉴定程序违法，又提出异议。一审法院经审理认定，原被告之间构成了预约合同关系，但尚不构成买卖关系，故判决驳回原告的诉讼请求。彭洛不服提出上诉。

问题：

1. 试分析本案丙区法院是否具有管辖权。（4分）
2. 法院驳回窦淑华管辖权异议的做法是否正确？（4分）
3. 若房屋租赁合同真实性真伪不明，应由何方当事人、如何申请鉴定？窦淑华不认可鉴定意见，鉴定人应如何参与程序？（4分）
4. 如果在彭洛与窦淑华一审诉讼之前，杏林公司就其与窦淑华之间的买卖合同申请仲裁，请求确认合同有效并请求履行，彭洛可否参加仲裁程序，主张自己具有优先购买权？为什么？（4分）
5. 如果本案二审法院判决彭洛胜诉，杏林公司能否申请再审？为什么？若彭洛申请执行后，杏林公司能否提出案外人异议？为什么？（4分）

关键考点

合同管辖　管辖权异议　再审制度　仲裁协议

参考答案

1. 丙区法院具有管辖权。（2分）本案中的买卖条款虽然存在于租赁合同中，但是，在租赁合同中有两个意思表示，即出租和出售的意思。本案并非因租赁合同产生纠纷，而是因为租赁合同中的买卖条款产生纠纷。故应认定本案属于不动产买卖合同纠纷。因给付不动产产生的纠纷，应以不动产所在地作为合同履行地，合同履行地法院和被告住所地的法院对本案具有管辖权。本案不动产所在地应认定为不动产登记地丁区。所以，丙区法院对本案没有管辖权。但窦淑华在答辩期内进行答辩，却没有及时提出管辖权异议，构成了应诉管辖，因本案不属于专属管辖，所以，应视为丙区法院有管辖权。（2分）

2. 法院驳回窦淑华管辖权异议的做法不正确。（2分）窦淑华在答辩期内进行答辩，答辩期就随之结束。后又提出管辖权异议，因答辩期已经结束，当事人已经无权提出管辖权异议。因此，法院应对其管辖权异议裁定不予审查，法院作出驳回管辖权异议的裁定是错误的。（2分）

3. 对于私文书的真实性，应由提供文书的当事人承担证明责任，故应由彭洛在法院指定期间内向法院申请鉴定，并由双方当事人协商确定鉴定人。（2分）窦淑华对鉴定意见有异议，应由鉴定人以书面形式补充说明，补充说明后，窦淑华仍有异议的，鉴定人应出庭说明。（2分）

4. 不能。（2分）仲裁程序中不存在第三人制度，彭洛作为窦淑华与杏林公司仲裁协议之外的人进入仲裁程序没有仲裁协议作为根据。（2分）

5. 不能申请再审，因为其不是本案诉讼当事人，也非案外必要共同诉讼人，无权申请再审。（2分）若窦淑华将房产过户于杏林公司，杏林公司可以提出案外人异议。案外人可以对执行标的主张权利。（2分）

案例六　南星公司与贝珠公司建设工程施工合同纠纷

案情：

位于N市甲区的南星公司与位于乙区的贝珠公司在甲区签订合同，约定贝珠公司承建南星公司位于丙区的新办公楼，合同中未约定仲裁条款。新办公楼施工过程中，南星公司与贝珠公司因工程增加工作量、工程进度款等问题发生争议。双方在交涉过程中通过电子邮件约定将争议提交丁市某仲裁委员会进行仲裁。其后南星公司考虑到多种因素，向人民法院提起诉讼，请求判决解除合同。法院在不知道双方曾约定仲裁的情况下受理了本案，贝珠公司进行了答辩，表示不同意解除合同。开庭审理过程中，原告提交了双方在履行合同过程中的会谈录音带，主张原合同已经变更。被告质证时表示，对方在会谈时进行录音未征得本方同意，被告事先不知道原告进行了录音，故不予认可。一审法院经过审理，判决驳回原告的诉讼请求。原告不服，认为一审判决错误，提出上诉，并称双方当事人之间存在仲裁协议，法院对本案无诉讼管辖权。二审法院对本案进行了审理。在二审过程中，贝珠公司见一审法院判决支持了本公司的主张，又向二审法院提出反诉，请求南星公司支付拖欠的工程款。二审法院将本反诉合并审理。

问题：（共20分）

1. 法院是否对本案具有管辖权？（4分）
2. 何地法院对本案具有诉讼管辖权？（4分）
3. 假设本案起诉前双方当事人对仲裁协议的效力有争议，可以向何主体申请加以解决？（4分）
4. 双方的会谈录音带可否作为法院认定案件事实的根据？为什么？（4分）
5. 对于贝珠公司提出的反诉，法院的处理方式是否正确？（4分）

关键考点

仲裁协议　专属管辖　反诉　非法证据

参考答案

1. 法院有管辖权。(2分)当事人要对法院管辖提出异议,应在首次开庭前向法院提交仲裁协议。本案中,双方当事人虽然达成了有效的书面仲裁协议,但当事人在首次开庭前没有提出异议,该法院可以继续审理。(2分)

2. 丙区法院。(2分)因本案属于履行建设工程合同发生纠纷,属于专属管辖,应由不动产所在地法院专属管辖,因此,应由办公楼所在地丙区法院管辖。(2分)

3. 请求约定的仲裁委员会作出决定或者请求N市中级人民法院或丁市中级人民法院作出裁定。(2分)一方请求仲裁委员会作出决定,另一方请求人民法院作出裁定的,由人民法院裁定。(2分)

4. 录音带可以作为认定案件事实的根据。(2分)该证据即使是秘密录音,其取得方式也是合法的,只有以侵害他人合法权益、违反法律禁止性规定或者违反公序良俗的方法获得的证据,才不能作为认定案件事实的根据。(2分)

5. 不正确。(2分)在第二审程序中,原审原告增加独立的诉讼请求或原审被告提出反诉的,第二审人民法院可以根据当事人自愿的原则就新增加的诉讼请求或反诉进行调解,调解不成的,告知当事人另行起诉。(2分)

声　　明	1. 版权所有，侵权必究。
	2. 如有缺页、倒装问题，由出版社负责退换。

图书在版编目（ＣＩＰ）数据

2023年国家法律职业资格考试主观题沙盘推演.民诉法/刘鹏飞编著. —北京：中国政法大学出版社，2023.6

ISBN 978-7-5764-0954-3

Ⅰ.①2… Ⅱ.①刘… Ⅲ.①民事诉讼法－中国－资格考试－自学参考资料 Ⅳ.①D92

中国国家版本馆CIP数据核字(2023)第108161号

出 版 者	中国政法大学出版社
地　　址	北京市海淀区西土城路25号
邮寄地址	北京100088 信箱8034分箱　邮编100088
网　　址	http://www.cuplpress.com（网络实名：中国政法大学出版社）
电　　话	010-58908285(总编室) 58908433（编辑部） 58908334(邮购部)
承　　印	三河市华润印刷有限公司
开　　本	787mm×1092mm　1/16
印　　张	10.5
字　　数	255千字
版　　次	2023年6月第1版
印　　次	2023年6月第1次印刷
定　　价	63.00元

厚大法考(北京)2023年二战主观题教学计划

班次名称	授课时间	标准学费(元)	授课方式	阶段优惠(元)		配套资料
				7.10前	8.10前	
主观旗舰A班	6.6~10.10	56800	网授+面授	2022年主观题分数≥90分的学员,2023年未通过,全额退费;≤89分的学员,2023年未通过,退46800元。		本班配套图书及内部讲义
主观旗舰B班	6.6~10.10	36800	网授+面授	已开课		
主观集训A班	7.15~10.10	46800	面授	2022年主观题分数≥90分的学员,2023年未通过,全额退费;≤89分的学员,2023年未通过,退36800元。		
主观集训B班	7.15~10.10	26800	面授	18800	19800	
主观特训A班	8.15~10.10	36800	面授	2022年主观题分数≥90分的学员,2023年未通过,全额退费;≤89分的学员,2023年未通过,退26800元。		
主观特训B班	8.15~10.10	19800	面授	14800	15800	

其他优惠:

1. 3人(含)以上团报,每人优惠300元;5人(含)以上团报,每人优惠500元。
2. 厚大老学员在阶段优惠基础上再优惠500元,不再适用团报政策。
3. 协议班次无优惠,不适用以上政策。

【总部及北京分校】北京市海淀区花园东路15号旷怡大厦10层　　电话咨询:4009-900-600-转1-再转1

二战主观面授咨询

厚大法考(上海)2023年主观题面授教学计划

班次名称		授课时间	标准学费(元)	阶段优惠(元)		备注
				7.10前	8.10前	
至尊系列	九五至尊班	5.22~10.12	199000（专属自习室）	①协议班次无优惠,订立合同;②2023年主观题考试过关,奖励30000元;③2023年主观题考试未过关,全额退还学费,再返30000元;④资深专业讲师博导式一对一辅导。		本班配套图书及内部资料
			99000（专属自习室）	①协议班次无优惠,订立合同;②2023年主观题考试未过关,全额退还学费;③资深专业讲师博导式一对一辅导。		
	主观尊享班		45800（专属自习室）	已开课		
	主观至尊班	6.25~10.12	39800（专属自习室）	40000	已开课	
大成系列	主观长训班	6.25~10.12	32800	28800	已开课	
	主观集训VIP班	7.20~10.12	25800	①专属辅导,一对一批阅;②赠送专属自习室。		
	主观集训班A模式			21800	23800	
	主观集训班B模式			①协议班次无优惠,订立合同;②2023年主观题考试未过关,退15800元。		
	主观特训班	8.20~10.12	22800	18800	19800	
	主观高效提分VIP班	9.3~10.12	18800	①专属辅导,一对一批阅;②赠送专属自习室。		
	主观高效提分班A模式			16800	17800	
	主观高效提分班B模式			①协议班次无优惠,订立合同;②2023年主观题考试未过关,退10000元。		
冲刺系列	主观短训班	9.20~10.12	13800	9800	10800	
	主观短训VIP班			①专属辅导,一对一批阅;②赠送专属自习室。		
	主观决胜班	9.25~10.12	12800	7800	8800	
	主观决胜VIP班			①专属辅导,一对一批阅;②赠送专属自习室。		
	主观点睛冲刺班	10.5~10.12	6800	4580	4980	

其他优惠：
1. 多人报名可在优惠价格基础上再享团报优惠：3人（含）以上报名，每人优惠200元；5人（含）以上报名，每人优惠300元；8人（含）以上报名，每人优惠500元。
2. 厚大面授老学员报名再享9折优惠。

PS：课程时间将根据2023年司法部公布的考试时间作相应调整。

【松江教学基地】上海市松江大学城文汇路1128弄双创集聚区3楼301室　　咨询热线：021-67663517
【市区办公室】上海市静安区汉中路158号汉中广场1204室　　咨询热线：021-60730859

厚大法考APP　　厚大法考官博　　上海厚大法考官博　　上海厚大法考官微

厚大法考(广州)2023年主观题面授教学计划

班次名称		授课时间	标准学费(元)	阶段优惠(元)			配套资料
				7.10前	8.10前	9.10前	
全日制脱产系列	主观集训班	7.8~10.7	30800	18800	20800	——	二战主观题资料包(考点清单、沙盘推演、万能金句电子版)+课堂内部讲义
	主观暑期班	7.8~9.3	20800	11800	12800	——	
	主观特训班	8.10~10.7	23800	14800	15800	16800	
周末在职系列	主观周末全程班(视频+面授)	5.6~10.7	20800	已开课			
	主观周末特训班	8.5~10.7	16800	12300	12800	13800	
冲刺系列	主观短训班	9.18~10.7	19800	10300	10800		沙盘推演+万能金句电子版+课堂内部讲义
	主观衔接班	9.25~10.7	14800	8000	9000		课堂内部讲义
	主观密训营	10.1~10.7	11800	5500	6000		随堂密训资料

其他优惠:详询工作人员

【广州分校】广东省广州市海珠区新港东路1088号中洲交易中心六元素体验天地1207室
咨询热线:020-87595663　020-85588201

厚大法考APP　　厚大法考官博　　广州厚大法考官微

厚大爱题库
专于考试精于题

爱题库 APP　　爱题库 微博

法考刷题,就用厚大爱题库!

多: 2002-2021,主观题客观题,模拟题真题,应有尽有。

细: 名词解析细致,法条罗列清晰,重点明确,解析精细。

新: 按照新考纲、新法条及时修改解析,越新越应试。

趣: 法考征途,边做题边升级,寓学于乐,助力法考!

大案例批改班

刷题 | 批改 | 精讲

厚大网授

◎ 精选高质量大案例
◎ 多角度全方位助您提升
◎ 集讲师批改 点评 直播带写并讲解于一体

循环开班

单科批阅，误区集锦，总结点拨

一对一人工批阅找茬，个性化诊断

服务特色

① 每日一题——够丰富

定点发题，限时训练，每科4题，外加2道民事科目融合题，共计30题。

② 专业批阅——很细致

专业讲师一对一人工批阅点评反馈，每题都做到一对一精批。

③ 配套解析——很规范

每题均有配套解析，深度剖析答题范式，梳理重要考点。

④ 黄金十点——严督学

每日十点黄金考点，10点定时推送，日积月累掌握主观题重要考点。

⑤ 直播讲解——重互动

单科集中直播讲解案例，互动答疑，作业展示，典型误区剖析。

⑥ 知识梳理——很到位

单科讲解核心知识点，重点归纳，深入浅出，再次夯实理论知识系统。

⑦ 应试讲师——很专业

辅导经验丰富、接地气的应试型讲师授课，进步看得见。

人工批改展示

得分：10 分
点评：
本文属于绝对低分作文。虽然这样说有点残忍，让你感觉很沮丧，但事实确实如此，必须严肃指出来，这样痛过之后才能进步。(抱抱)然后建议你重新写。
请注意，习思想打分的几个硬性标准：不能偏题、不能全是模版、不能字数不够、不能政治反动。上述几个角度一旦踩中一个，基本就是15分以下了。
本题的核心词是：中国式高质量发展、新格局、全过程人民民主，这些词你都没有作为重点展开。
开篇就谈思想，但本题并没有去问你习思想的什么认识，不要在文章中创造新词。治理能力现代化又是你创造的新词，这些就代表你偏题了奥。
一个不偏题的技巧：文章中的核心词第一段必须全部出现。连词成句。
中间段的主语必须是最核心的那个词（中国式现代化、新发展格局）
要聪明地从材料中找出路。
比如：
要实现中国式现代化高质量，打造新发展格局，必须要坚持在法治轨道上推进国家治理体系和治理能力现代化。【把你的怎么提高治理能力压缩，作为本段填充内容】
要实现中国式现代化高质量，打造新发展格局，必须……（这个做法可以从材料中抄写）
材料可以总结出好几个做法：比如加强实现全过程民主啊、经济制度的改革啊【每个做法一段。】

更多课程详情
扫码添加微信咨询

2023年主观题民商事融合一本通

只需这一本解锁民、商、诉 稳拿分　　**搭配64课时配套课程 免费学习**

民商综合历年真题 (6道)

＋

民综高质量10道模拟题

＋

商法5年真题 (5道)

＋

商法5道高质量模拟题

↓

总计26道案例

一本书帮你拿下主观题一半分值

你要不要？

民事融合56分+商法28分=84分

高效备考　精选案例　专业讲解

紧扣命题规律，与时俱进
一本书，
足以解决你民商诉备考中面临的困扰。
懂你，更懂命题人！

图书邮寄　7月中旬开始陆续邮寄
课程时间　8月上旬配套课程开课

立即扫码购买